Herbert Jung

Gesegnet sollst du sein

Herbert Jung

Gesegnet sollst du sein

Segensgebete
für Seelsorge und Gottesdienst

Herder
Freiburg · Basel · Wien

Für alle, die den Segen suchen
und ein Danke denen, die beim Finden geholfen haben:

Gisela Burg
Rosemarie Endres
Herbert Graeff
Renate Leist-Rupp
Burkhard Menke

Auszüge aus der Bibel sind entnommen aus der »Herder-Übersetzung«:
Die Bibel. Die Heilige Schrift des Alten und Neuen Bundes.
Deutsche Ausgabe mit den Erläuterungen der Jerusalemer Bibel,
hrsg. von Diego Arenhoevel, Alfons Deissler und Anton Vögtle,
Freiburg – Basel – Wien 1968.

Umschlaggestaltung: Finken & Bumiller
Herstellung: fgb · freiburger graphische betriebe 2001
www.fgb.de
Gedruckt auf umweltfreundlichem, chlorfrei gebleichtem Papier
Printed in Germany

ISBN 3-451-27634-8

Inhalt

Vorwort 7

Im Kirchenjahr 10
Leben der Gemeinde 46
Biblische Segen 72
Zyklus des Lebens 102
Krisenzeiten 128
Sterben und Tod 142

Verzeichnis der Bibelstellen und biblischen Verweise 155
Verzeichnis der Anlässe und Stichworte 156

Vorwort

Liebe Leserin, lieber Leser,

die Blume wächst belebter, wenn der Tau sie in der Frühe tränkt, wenn die Sonne sich an sie verschwendet. Menschen geht es ähnlich. Auch wir brauchen zum Wachsen und Werden gute Nahrung, die Gottes Schöpfung gerne schenkt. Weil wir aber nach Seinem Willen Leib und Seele, Körper und Geist sind, braucht auch »der andere Teil« Stärkung: etwas, das ihm gut tut. Das Segnen – das »bene dicere«, das heißt »Gutes sagen« – ist eine Weise, auf die es möglich wird.

Der Segen war für die Menschen im Alten und Neuen Testament so vertraut wie der tägliche Gruß – hatten sie doch in ihrer wechselvollen Geschichte erfahren, dass der Mensch mehr braucht als das tägliche Brot und den Wein für das Fest, mehr als nur die Sonne und den Regen. Das Wohlwollen Gottes und das Wohlwollen der Menschen waren ihnen ebenso wichtig, ja vielleicht das Entscheidende, damit Leben überhaupt gelingen konnte. Der Abschied Esaus von seinem sterbenden Vater Isaak lässt etwas davon erahnen, wenn der Sohn bittend fragt: »Hast du denn keinen Segen mehr? …«

Als Seelsorgerinnen und Seelsorger kennen wir diese Frage der Menschen nur zu gut – mal ausgesprochen, mal nur mit bittenden Augen an uns herangetragen: »Es fehlt noch was!« – »Können Sie uns nicht segnen?« – »Können Sie uns nicht noch was Gutes sagen, jetzt, in dieser schwierigen Situation?«

Es klingt fast wie eine versteckte, scheue Bitte nach einem Sakrament, nach einem Hauch von Heil – oft in Situationen, mit denen sich auch die Kirche schwer tut, die aber das Leben (und damit auch Der Lebendige) durchaus kennen: die Scheidung zum Beispiel oder die Wiederheirat, gar der Austritt aus der Kirche. Selbst dann möchte der »Flüchtling« nicht ohne Segen davongehen, ohne die Ahnung:

Auch dieser Schritt kann letztlich heil-voll sein. Ähnlich wie Jakob am Jabbokfluss ruft auch er – schon die Tür in der Hand –: »Ich lasse nicht von Dir, es sei denn Du segnest mich« (Gen 32,26).

Damit wir in den vielen Wechsel-Fällen des Lebens nicht wort-los dastehen, sondern unserem Gegenüber etwas Gutes sagen können, ist dieses Buch entstanden, geboren aus der eigenen Not, Worte zu suchen und auch zu finden, die dem/den jeweiligen Menschen vermitteln wollen: Gott heiß noch immer Jahwe – Er ist für dich da (vgl. Ex 3,14)!

Die Segenswünsche und Segensgebete dieses Buches sind geschrieben als Vergegenwärtigungen dieser Zusage Jahwes, erneuert in der Zusage Jesu: »Ich bin bei euch alle Tage bis zur Vollendung der Welt« (Mt 28,20); alle Tage, das heißt: im Guten wie im Schlechten, in Freude und Trauer, selbst in Sünde und Schuld. Gott lässt uns niemals allein. Diese Zusage, jedem Menschen gegeben, rufen wir – Ihm und uns – in Erinnerung, indem wir um Gottes Segen bitten, Seine Nähe erflehen.

Wenn jemand bittet, ihm/ihr ein gutes Wort zukommen zu lassen, ihn/sie daran zu erinnern, dass Gott Seine Hände über uns hält auch in Zeiten der Not oder bei einem hoffnungsvollen Neubeginn nach bitterem Scheitern, so wird niemand, erst recht kein Seelsorger, keine Seelsorgerin, diesem Menschen den Trost verweigern, der in der Bitte um den Segen Gottes liegt, der für jedes Leben Gelingen will. Gleichwohl ist nicht jedes Segensgebet gleich gut zur Verwendung in einem Gemeindegottesdienst geeignet. Manchmal wird es passender sein, ein Segensgebet im Rahmen eines seelsorglichen Gesprächs oder einer kleinen Feier im Kreis weniger Menschen, die sich gut kennen, zu sprechen oder von jemandem sprechen zu lassen. Es ist der Klugheit und der Erfahrung der Seelsorgerinnen und Seelsorger anheimgestellt, hier die angemessene Form zu finden.

Dabei gehe ich davon aus, dass nicht nur der Priester der Segen-Zusager ist und nur ihm solches Recht zusteht; vielmehr können alle Christen aufgrund von Taufe und Firmung bzw. Konfirmation im Namen Gottes allen Gutes sagen, die es brauchen (vgl. Apg 3,26).

Die hier versammelten Segensgebete sind in einem Zeitraum von über zehn Jahren entstanden. Immer wieder sind neue hinzugekommen für viele Augenblicke im Leben der Menschen und im Kirchenjahr. In mancher Situation macht es Sinn, einen Abschnitt wegzulassen, durch eigene Worte zu erweitern oder mit Abschnitten aus anderen Segensgebeten zu ergänzen. Dabei wird Ihnen das Stichwortverzeichnis weiterhelfen.

Auch wenn etliche der Segensgebete, zumal wenn variiert, bei unterschiedlichen Anlässen gebraucht werden können und deshalb in den verschiedenen Zusammenhängen mehrfach stehen könnten, sind sie in diesem Buch doch nur jeweils einmal abgedruckt. Auch hier wird das Stichwortverzeichnis helfen, zu weiteren geeigneten Segensgebeten für den betreffenden Anlass zu finden.

Die Verweise auf Bibelstellen sollen helfen, da, wo ein Segensgebet etwa in eine Glaubensfeier eingebettet ist, bevorzugt Lesungen aus jenen Texten zu wählen, aus denen die Formulierungen stammen, die in den betreffenden Segensgebeten anklingen.

Gutes Ihnen … Gottes Segen für Sie

Herbert Jung
Pfarrer in Bad Vilbel

IM KIRCHENJAHR

Tau von oben

Advent, Advent- oder Weihnachtsfeier

Der Herr segne uns
und schenke uns langen Atem in dieser Zeit,
da alle rennen, alle drängen …

Er lasse uns die Ruhe finden,
die wir brauchen, um Ihm zu begegnen,
damit wir nicht vergeblich warten auf den,
der kommen will*

Er lasse den Tau des Gerechten
auf uns herabkommen,
damit unsere Hoffnungen auf Gott wachsen
und unser müder Glaube sich erfrischen kann.

Er schenke uns das Vertrauen,
dass Er wirklich kommt – zu uns –
und wir Ihn sehen,
so wie Er ist:
als Gott, der uns liebt,
wie kein Mensch es vermag,
und an uns denkt seit dem Tag,
da wir geboren:
der Vater, der Sohn und der Heilige Geist.
Amen.

* Vgl. Jesaja 59,20.

Weihnachtswunsch

Weihnachten, Weihnachtszeit

Ein Dach,
das dich schützt,
wenn du Herberge suchst …

Eine sanfte Hand,
die dich hält,
wenn du dich niedergeschlagen fühlst …

Ein gutes Herz,
an das du dich anlehnen kannst,
wenn du dich verlierst
im Trubel des Alltäglichen …

Einen Menschen in der Nähe,
der deine Tränen auffängt
wie eine kostbare Schale …

Eine warme Hand,
die deine Augen schließt, auch dann,
wenn du Abschied nimmst
und hinübergehst in die Welt des Lichtes …

Das wünsche ich dir
aus Gottes liebender Hand,
die uns in dieser Nacht berührt:
die sanfte Hand
des Vaters und des Sohnes
und des Heiligen Geistes.
Amen.

Weih-Nacht

Weihnachten, Weihnachtszeit

Der Herr segne uns.
Er gehe mit uns den Weg in die Nacht
und in den Tag.

Er lasse Seinen Stern erstrahlen –
so hell wie damals schon in Betlehem,*
damit wir finden bei Ihm,
was wir suchen und ersehnen.

Er selber gehe mit uns als Engel,
der uns schützt und erinnert,
was heute Grund des Festes ist,
damit die Hoffnung bleibt,
wenn Tage kommen,
die unser Leben verdunkeln.

Das schenke uns der Gott der Kinder
und der Gott der Großen –
der Vater, der die Welt gemacht,
der Sohn, der uns als Kind entgegenlacht,
der Geist, der alles wohl bedacht.
Amen.

* Vgl. Matthäus 2,2.

Erlöst

Weihnachten, Weihnachtszeit

Er, der geboren wurde als Mensch wie wir
und den wir Erlöser nennen –
Er gehe mit dir den Weg deiner Erlösung.

Er löse dich von Vorstellungen,
Meinungen und Gewohnheiten,
die dich von dir und von Ihm entfernen.
Er löse dich von den Vorurteilen der Leute
und von einem ängstlichen Glauben,
der Leben verhindert.

Er löse dich von einem
Gottesbild, das dich bedroht,
und lasse dich Ihn
als den Gott und Ursprung
der Liebe erfahren.

Er löse dich aus der Angst vor dem Leben
und aus der Furcht vor dem Tod.

So sei mit dir der Erlöser,
dem unser menschliches Leben
vertraut und nah ist:
der gütige Vater,
Jesus, der Sohn,
und sein lebendiger Lebensgeist.
Amen.

Weihnachten

Weihnachten, Weihnachtszeit

Der Herr segne euch und helfe,
den Kreislauf des Bösen zu unterbrechen,
wenn ihr darin gefangen seid.

Er nehme euch bei der Hand
und lehre euren Fuß das Weitergehen,
wenn er auf der Stelle tritt.

Er zeige euch Aus-Wege,
leicht zu nehmen –
wenn ihr euch in den Zwängen
der Gesellschaft verirrt habt.

Er schenke euch den Mut,
dem Hunger nach Morgen
mehr zu trauen
als dem faden Geschmack des Gestern.

Das schenke euch der Gott,
der Traditionen unterbrochen – heute –
der selbst den Himmel hat verlassen:
der Vater, der alles gemacht,
der Sohn, der Mensch wird in dieser Nacht,
der Geist, der all dies angefacht.
Amen.

Herbergsnacht

Weihnachten, Weihnachtszeit

Es segne euch der Herr in dieser Nacht,
da so viel Neues an das Ohr der Erde dringt.

Er rühre eure Ohren an mit zarter Hand,
damit sie offen, stets zu lauschen,
wer da klopft und für sich wirbt.

Er lasse eure Gier nach Neuem wachsen,
damit ihr staunend fragt und forscht
nach jenem Kind, das Könige von fernen
Thronen lockt.

Er komme zu euch jetzt als Wort
und frohe Botschaft – doch einst
als Gegenüber, das liebend euch
umfängt.

Bis dahin halte segnend Er die Hand
wohl über Leut' und Land:

der Vater – Gott genannt
der Sohn – hier keine Herberg' fand
der Geist – uns unbekannt.
Amen.

Sternstunde

Weihnachten, Weihnachtszeit

Nacht … und einen Stern,
Hunger … und einen Bissen Brot,
Einsamkeit … und einen Kuss,
Stille … und den Schrei des Neugeborenen.

All das für euch
von Dem,
des Sternes Schein
schickt Licht in dunkle Nacht!

Und Segen komme nun herab
vom Vatergott,
vom Menschensohn,
vom Schöpfergeist.
Amen.

Wenn Er will kommen

Adventsfeier, Weihnachten, Weihnachtszeit, Christkönigssonntag

Es segne euch und sei jetzt zugetan,
der kommen will, seit Welt begann.

Sein Angesicht willkommen euch:
– es zwingt nicht in die Knie,
– den Staub Gewohnten will's erheben.

Auch Seine Hand willkommen euch:
– sie drückt nicht tötend zu,
– in weites Land will sie behutsam tragen.

Sein Ohr willkommen euch:
– es überhört nicht leisen Ruf,
– dem Schrei will's offen dienstbar sein.

So wird Er's tun mit euch, die ihr willkommen Ihn geheißen:
– der Vater, stets hoch oben
– der Geist, im Zwischenraum
– der Menschensohn, tief unten.
Amen.

Hoffnungsnacht

Weihnachten, Weihnachtszeit

Der große Gott, der heut' so klein,
Er möge euch ein Segen sein.

Und hüte den, der Ausschau hält,
wo Rose, Licht, gar Hoffnung in der Welt.

Und wie Sein Schnee das Werden, Wachsen hegt,
so sei auf euch Sein leuchtend' Blick gelegt.

Es wird dann Hoffnung – oft so klein –
für's Leben stets Begleiter sein:
nie mehr vergeh'n,
immer wieder neu entsteh'n.

Das will Gott Vater … sagt: Es werde.
Das will Gott Sohn … Er sagt: Ich komme.
Das will Gott Geist … Er sagt: Es blühe.
Amen.

Ins neue Jahr

Neujahr

Der Gott des Friedens und des Lebens
segne und behüte euch.
Er gehe mit euch ins neue Jahr
und schenke euch Zeiten der Liebe
und der Versöhnung.

Er stehe uns bei
im Kampf gegen jene Mächte in uns,
die das Werden und Reifen verhindern.

Er schenke uns Glauben und Zuversicht,
Seinem Versprechen zu trauen:
Ich bin bei euch alle Tage.*
Das gewähre uns der Gott,
der will, dass alles wächst und blüht:**
die Blume und das Gras,
die Fische und die Vögel,
die Tiere und der Mensch –
der Schöpfer des Himmels und der Erde,
der Sohn der Güte und Barmherzigkeit
und der Geist der Liebe und des guten Lebens.
Amen.

* Vgl. Matthäus 28,20.

** Vgl. Matthäus 13,30.

Wenn Neues wird

Neujahr

Er, dem Schöpfung wohl gelungen
und der sie auf den Weg geschickt,
der Kugel gleich, die rollt –

Er lasse ihren Weg sie finden in Weltall's dunkler Nacht
und gebe Kraft zur nächsten Blüte,
die schon angesagt.

Er lasse Angst, die kommt, auch wieder fliehen
– vom Nebel uns bekannt – und schicke Mut
zum nächsten Schritt, vor dem der Fuß jetzt zögert.

Dann wird das Werk gelingen, das Er im Plan,
seit Geistes Hauch das Leben brütet.
Und Segen helfe weiter gleich dem Tau,
bis jener Tag erwacht, da statt der Sonne
dort am Horizont sein Leuchten blendet.

Licht vom Vater,
Licht vom Sohn,
Licht vom Geiste.
Amen.

Kommende Zeit

Neujahr

Es segne euch der Gott, vor dem die 1000 Jahre wie ein Tag.*

Er wende auch in Zukunft,
die beginnt, Sein Antlitz
euch ermunternd zu.

Und Hände schenke Er, die Tränen trocknen –
    denn Abschied wird es weiter geben.

Und Kräuter schenke Er, die Krankheit heilen –
    denn Schmerzen werden neu entsteh'n.

Und Freiheit schenke Er, die Gottes Kindern angeboren –
    denn Fesseln lauern überall.

Und Leben schenke Er, das weiter will und mehr –
    denn Tod – er hofft auf Sieg.

Und neue Erde schenke Er, die blüht und nährt –
    denn Wüste will dagegen. ↗

* Vgl. Psalm 90,4.

Und neuen Himmel schenke Er, der Not nicht kennt
und leeren Stuhl –
    denn Hölle ist zu viel schon hier.

Das wird Er tun in neuer Zeit, die vor uns –
    unbekannt und stets verändert.

Jedoch das Wort vom Segen bleibt
und: dass Er letztlich Gutes will,

der Vater – vor der Zeit,
der Sohn – in dieser Zeit,
der Geist – von Ewigkeit.
Amen.

Sternsinger

Haussegen der Sternsinger am Dreikönigstag

Der Herr segne diesen Ort,
den ihr eure Heimat nennt,
und schenke euch den Frieden,
der vom Gott der Liebe kommt.

Er schenke euch Sein gutes Wort,
das heilen kann und trösten will,
damit die Macht der Not
nicht so im Übermaß.

Er zeige euch den Stern der Zuversicht
in jeder dunklen Nacht,
vor allem den von Betlehem,
damit ihr wisst,
wohin es geht,
und dass die Zukunft Ihm gehört.

Das wünschen euch der Caspar
und der Melchior
und auch der Dritte, Balthasar –
sie waren heute für euch da.

Lichtmess

Darstellung des Herrn (2. Februar)

Der Herr segne uns und erleuchte uns,
Er lasse uns im Licht der Kerzen
Seinen Himmel ahnen
und schenke uns Freude am wachsenden Tag.

Er lasse uns selber Licht sein für die Welt,*
damit die Menschen Seine Schönheit ahnen
und sich wohlfühlen, mit uns zu sein.

Er lasse uns mit brennenden Lichtern –
Zeichen unseres Vertrauens und Glaubens
an Ihn –
Ihm entgegengehen,
dem Gott und Bräutigam,**
der kommt und einlädt
zum großen Fest an Seinem Tisch.

Dazu segne uns Gott,
der selber als Licht in unsere Nacht
gekommen ist
und dessen Schein nie untergeht:
Vater, Sohn und Heiliger Geist.
Amen.

* Vgl. Matthäus 5,14.

** Vgl. Matthäus 25,6.

Fastenzeit

Fastenzeit, Bußgottesdienst

Er, der Israel eingeladen,
das Land der Knechtschaft zu verlassen,
führe uns weg von den Fesseln des Verwöhntseins –
sie töten den Hunger nach Freiheit.

Er lasse uns unruhig werden
in diesen vierzig Tagen
und Ausschau halten nach einem Leben,
das unserem Herzen entspricht
und dem Suchen unserer Seele
mehr entgegenkommt.

Er führe uns weg
von oberflächlichen Verlockungen,
denen wir nachgelaufen wie Israel dem Kalb aus Gold,*
und locke uns in die Wüste der Stille.
Dort sind wir allein mit Ihm,
der nichts anderes will
als sich zu verlieben in uns.** ↗

* Vgl. Exodus 32,4.

** Vgl. Hosea 2,14 ff.

Er lasse Hunger
und Durst spüren in dieser Zeit,
damit wir spüren,
was wir wirklich brauchen:
nicht Brot und Wasser,
Sein Wort vielmehr, das nährt und heilt,
Seinen Atem, der leben lässt in Fülle.*

Das gewähre uns der Gott,
dessen Sohn durch die Wüste gewandert
und die Versuchung bestanden** –
der Vater, der Sohn und der Heilige Geist.
Amen.

* Vgl. Johannes 10,10.

** Vgl. Matthäus 4,10.

Aschermittwoch

Aschermittwoch, Fastenzeit, Bußgottesdienst

Der Herr segne dich –
der du gebildet wurdest
aus dem Staub der Erde*
und gesegnet bist von Seinem Atem.

Er lasse dich Seine Stimme hören,
wenn du einen Weg gehst,
der dich entfernt
von der Quelle des Lebens.

Er öffne dir die Augen
für die Vergänglichkeit der Welt –
und wenn dein Leib den Weg
alles Irdischen beendet,
schenke Er dir in Seinem Haus
den Platz des Unvergänglichen.

Er lindere die Angst vor jenem Tag
und schenke dir die Kraft des Vertrauens –
dem Schmetterling gleich,
der mühelos und ohne Zorn
sich dem Entpuppen stellt.

Das gewähre dir der Gott,
der das Leben will und nicht den Tod.
Der Vater und Sein Sohn
und der Lebenspender-Geist. Amen.

* Vgl. Genesis 2,7.

Ostermorgen

Ostern, Osterzeit

Der Gott des Lichtes und des Lebens
strahle leuchtend auf über uns.

Er lasse uns spüren das Feuer der Liebe
und wärme unsere Herzen
mit Seiner Lebensglut,
damit wir erkennen Seine Güte
und Seine Barmherzigkeit,
die überreich sind für jeden von uns.

Er lasse uns aufstehen,
wenn Leid unser Leben lähmt –
und lasse uns Seine Stimme hören,
wenn Er ruft:
Ich will, dass du lebst.*

Dies sei heute Sein Segen für uns,
damit wir nie ohne Sein Licht
und ohne Seine Liebe leben.
Er schenke uns den Frieden
des Herzens: Gott-mit-uns
an jedem neuen Tag.
Amen.

* Vgl. Johannes 10,10.

Auferstanden

Ostern, Osterzeit, Christkönigssonntag, Christi Himmelfahrt

Der in den Toren steht,
die Erd' und Himmel jetzt noch trennen,
leuchtend – klar wie Wasser vor dem Fall:
Er komme euch entgegen
und nehme jede Angst:
– die vor dem nächsten Schritt,
– die vor der nächsten Tür,
damit ihr mutig klopft
und Einlass fordert
in neuen Raum und neue Zeit.

So will's das Leben –
ja auch Er.
Und Segen gebe der dazu,
der einst das Paradies verschlossen,*
doch neu eröffnet jedem,
der es sucht.

So komme Gottes Gnade nun herab
auf euch
– heut' auch auf jedes Grab –,
die des Vaters und des Sohnes und des Geistes.
Amen.

* Vgl. Genesis 3,24.

Zu neuen Ufern

Ostern

Er, der in dieser Nacht
vorangegangen
an neue Ufer,
locke uns von dort,
Ihm nachzugehen.

Er nehme uns die Angst
vor den Tiefen,
die dazwischen liegen,
und lasse unsere Füße wieder trockenen Boden finden.

Er nehme uns bei der Hand,
damit wir »drüben« Land gewinnen,
und helfe uns aufzustehen dort,
schöner als die Sonne uns je gesehen.
Amen.

Ostersonne

Ostern, Osterzeit

Im Osten – dort, der Röte gleich –
geh' auf der Herr aus Felsengrab,
das nur für Stunden Ruhe Ihm gegönnt.

Und bringe Licht ins Menschendunkel,
erhelle Wege, die Nebel noch verborgen hält.

Er bringe Antwort dem, der fragt und sucht,
damit die Irre nicht sein Wegbegleiter.

Und schenke einen Blick, der wärmt, der hebt,
auch dem, der Lust am Lager schon gefunden.

Das wirke Er, der Tote ruft ins Leben,*
der selber tot geglaubt: der Gott,
der Vater wird genannt –
der auch als Sohn ist anerkannt –,
der Geist, der solches uns erfand.
Amen.

* Vgl. Johannes 11,43.

Erstkommunion

Erstkommunion, Kindergottesdienst, Schulgottesdienst

Gott segne dich und halte Seine Hand
über dich.
Er lädt dich heute an Seinen Tisch,
den er für uns Menschen gedeckt.

Der gute Gott schenke dir Vertrauen zu Ihm
und zu Jesus, unserem Freund.
Er lasse dich heute mit Freude spüren,
wie gut Er's meint mit dir und mit uns allen.

Er segne dich und alle Kinder,
die heute um Seinen Tisch versammelt sind
und mit denen du zum ersten Mal
das Brot vom Himmel teilst.*

So schenke Gott uns allen
einen großen Tag voll Freude:
der Vater, der Sohn und der Heilige Geist.
Amen.

* Vgl. Johannes 6,35.

Für dich gedeckt

Erstkommunion

Der Herr segne dich und behüte dich.
Er hat dich in Seine Gemeinde berufen
und du bist Ihm nachgegangen.

Er nähre dich heute am Tisch, den Er bereitet für uns:
mit Brot vom Himmel und mit Wein,
der nach Ihm schmeckt.

Er schenke dir Sein gutes Wort und
lasse dich Gefallen daran finden,
nicht nur im Jetzt – immer wieder,
wenn dich der Hunger danach quält.

Er lasse dich Teil werden
am Leib Christi* in der Welt
und schenke dir Gemeinschaft
mit denen, die sich hier gefunden.

Auch Widerstand, den schenke er,
wenn sie dich einverleiben wollen
und du gefügig werden sollst
der Macht, die jeder Freiheit schadet.

Das schenke Gott, der gerne
feiert das Mahl
mit Seinen Menschenkindern.
Amen.

* Vgl. 1 Korinther 12,27.

An Seinem Tisch

Erstkommunion

Der euch gesucht,
seit ihr geboren:
Er rufe stets an Seinen Tisch,
wo Brot gebrochen wie Er selbst.

Der euch geladen,
segne jeden und gebe ihm
Sein Wort mit
auf den Weg.

Der euch gelehrt,
Leib Christi selbst zu sein,*
Er steh' euch bei, zu suchen
den Menschen und auch Ihn
in Wein und Brot.

Das gebe Gott der Vater:
    gebildet euch aus Lehm.
Das gebe Gott der Sohn:
    gesättigt euch mit Himmelsbrot.
Das gebe Gott der Geist:
    gefunden euch wie brennend' Feuer.
Amen.

* Vgl. 1 Korinther 12,27.

Wind von Gott

Pfingsten, Firmung, Konfirmation, Aufnahme eines Getauften

Windhauch soll kommen von Gott –
doch den glimmenden Docht
wird Er nicht löschen.
Feuer ist Sein Atem.

Windhauch soll kommen von Gott –
doch das geknickte Rohr
wird Er nicht brechen.
Sein Atem heilt.

Windhauch soll kommen von Gott –
und dem Schmetterling
wird Er die Flügel nicht stutzen.

Windhauch soll kommen von Gott –
die Glut des Glaubens
will Er entfachen.
Sein Atem belebt.

Windhauch soll kommen von Gott –
doch den schwankenden Baum
wird Er halten.
Kraft ist Sein Atem.

So segne uns Gottes heilender Geist,
jene große Kraft göttlicher Lebendigkeit,
die damals die Apostel aus ihrer Angst erlöste
und die weiterwirken will in jedem von uns.
Amen.

Gottes Tisch – Menschentisch

Kirchweih, Altarweihe

Gott selber decke diesen Tisch,
von Menschenhänden Ihm und sich erstellt.

Er nehme Platz am Ort,
da viele warten, dass Er selber kommt.

Der Geist von oben hülle jeden Stein,
gefallen von der Harten Herz.

Er führe jetzt zusammen,
was sonst durch Alltag wohl getrennt.

Noch heut' wird dann das Mahl,
das Propheten lange schon geschaut.*

So segne Gott, der Stein und Bein geschaffen,
vor allem euch,
die Seine Gäste sind und werden.
Amen.

* Vgl. Jesaja 25,6.

Kräutersegen

Traditionell zu Mariä Aufnahme in den Himmel (15. August); auch: Aussaat, Erntedank, Team- und Gruppenbildung

Schöpfer des Lebens,
schick Sonne uns und Regen,
damit Leben wachsen kann
in seinen bunten Arten –
von Dir gewollt,
von Dir geliebt.

Halt ein die Hände derer,
die schon jetzt
das Unkraut von dem Weizen trennen wollen,
und lass sie begreifen und danach leben:
Das Richten ist nur Dir bestimmt.*

Du lässt Deine Sonne scheinen
über Gut und Böse**
und willst, dass alle am Tisch
Deiner Schöpfung
Platz und Nahrung finden. ↗

* Vgl. Matthäus 7,1.

** Vgl. Matthäus 5,45.

Gib uns die gute Hand,
die Freude daran hat zu teilen,
damit gesättigt werde alles,
was da lebt.

Deinen Segen gib dazu,
damit des Lebens Fülle auch gelingt,
damit Not und Unfriede
nicht das letzte Wort haben.
Amen.

Eine Hand voll

Erntedank, Dritte-Welt-Gottesdienst

Der Herr segne die Ernte dieses Jahres –
in unsere Hände gelegt von der Mutter Erde:
das Korn, damit wir nicht hungern –
die Trauben, damit wir uns freuen am Wein –
die Beeren, damit wir schmecken,
wie süß das Leben –
die Kräuter, damit wir nicht vergessen:
auch die bitteren Tage* stammen
aus der Hand dessen,
der alles gesegnet hat.

Er lasse uns Freude haben an Seinem Reichtum
und das Leben genießen aus Seiner Fülle:
jetzt und an den kommenden Tagen,
wenn draußen das Sterben beginnt,
wenn Schnee oder Dürre statt Blumen
die Erde bedecken.

Der gütige und menschenfreundliche Gott
helfe uns,
die Schränke zu öffnen
und das Brot zu teilen,
wenn wir Bettlern begegnen –
so vielen Armen und
ihrer ausgestreckten Hand –
hungernd nicht nur nach Brot,
sondern auch nach einem guten Wort
und einer mitmenschlichen Geste. ↗

Er lasse uns die Tage des Sommers
nicht vergessen
und all die Lebensfarben,
die uns die Zeit des Lichtes
und der Wärme geschenkt hat.
In Stunden des winterlichen Schaffens
und Sorgens
mögen sie Zeichen und Symbol
der Hoffnung sein.

Wir sind Teil und Hüter der Schöpfung –
und dazu segne uns Gott,
der den Winter und den Sommer
des Lebens gewollt,
den Tag und die Nacht,
das Säen und Ernten:**
Vater und Sohn und Heiliger Geist.
Amen.

* Vgl. Ezechiel 3,14.

** Vgl. Kohelet 3,2.

Sonnengesang

Franziskusfest (3. Oktober)

Der Herr, Er segne euch und mehre euer Leben.
Er lasse Seine Sonne wiederkommen an jedem Tag,
den Mond uns retten vor dem Dunkel tiefster Nacht.

Er schicke Seinen Stern
– wie damals auch in Betlehem –
dem Menschen, der den rechten Weg verloren.

Und hüte Seine Erde wie der Hirt die Herde
und gebe ihr die Kraft zu nähren,
was ihre Güte uns gebar.

Er lasse Regen fallen auf das trock'ne Feld,
damit sein Durst gestillt am Tag,
da es danach verlangt,
da Risse Ihm die Sehnsucht zeigen.

Und Wind und Sturm –
sie lasse Er nicht nur
die Samen und die Blätter tragen,
sondern die Nachricht auch von Ihm,
damit Sein Wort gehört werde
an allen Enden Seiner Welt. ↗

Er schenke eine Quelle, die frisches Wasser gibt
dem Menschen und dem Vieh,
und lodernd' Feuer wärme den,
dem Eis und Frost nicht nur die Hände lahm gelegt.

Den Kranken lass' er ruhn am Tag und in der Nacht;
dem, der in Not geraten, schick Menschen Er,
die wie ein Engel,
und zu sich hol' Er heim den,
dessen Leib schon welk
wie jetzt im Herbst das Blatt.

Das tue Er an euch und hier in dieser Mitte,
der Gott, der Schöpfer und Erhalter,
der Anfang und auch Ende ist:
der Vater,
Jesus Christ,
und neuer Atem, unser Geist,
der allen Zukunft uns verheißt.
Amen.

Erntedank

Erntedank

Vor dem das Korn in Ehrfurcht neigt die Ähre:
Er segne jetzt des Sämanns Frucht,
auch alles, was das Feld gewähret und jeder Wald vergibt,
selbst wenn der Menschen Hand dort nie gewirkt –
nur Gottes Finger hat sie zart berührt,
Sein Wort »Es werde« war schon Tat genug.*

Der Schöpfer lass' uns Freude finden
an dem geschaffnen Werk
und nähre uns mit Wein, mit Brot, mit zuckersüßem Allerlei.
Und lasse nicht im Zank uns enden,
schon gar nicht in dem Krieg –
stattdessen gebe Er uns zu bedenken,
dass Erde aller Menschen Mutter;
hier braucht es keinen Sieg.

Am Ende, wenn der Sonne Ball ins Wasser fällt –
schwer wie ein Stein – mög' Er sich zeigen
hoch am Himmelszelt:
die Tafel schon gedeckt für Schwarz und Weiß, für Rot und Grün,
für alles, was man Schöpfers Wesen heißt.

Das Fest wird groß, der Hymnus gern gesungen,
auch die Lieder!
Die Zeit von Ebbe – Flut, der Kampf von Tag und Nacht
kehrt nimmer wieder:
Am Horizont liest jetzt das Auge strahlend schön das Wort:
die Ewigkeit. – Amen.

* Vgl. Genesis 1,3.

Gräber

Allerseelen (2. November)

Verwelkt in Menschenaugen,
verfallend in und zu der Erde Staub –
Euch segne Gottes Tau,
damit ihr wachend wartet auf den Tag
da Seine Engel rufen,
locken,
Gräber zu verlassen.

Er schenke totem Bein* dann wieder
neuen Leib – bekleidet mit der Sonne
und schön wie Lilien auf dem Feld.

Bis dahin aber lasse Er euch ruhn
im Frieden: ohne Leid und ohne Not
ganz still, wie jedes Korn im Winter schläft.

Das sei euch zugerufen am Tage,
da wir schaun die Stadt für euch:
Jerusalem ganz neu,**
das Land der Lebenden –
darin Er selbst: der Gott für Menschen.
Amen.

* Vgl. Ezechiel 37,8.

** Vgl. Offenbarung 21,2.

LEBEN DER GEMEINDE

Feste feiern

Familientreffen, Gemeindefest, Vereinsfest

Ein Haus, das birgt,
auch in der Nacht –

Ein Tor, das offen steht,
rund um die Uhr –

Einen Tisch, der gedeckt ist,
für dich und für mich –

Einen Menschen, der dich mag,
einfach so –

Einen Ort, der voll Leben ist,
kein toter –

Eine Zeit des Versöhnens,
die nicht endet –

Das gewähre uns der liebende Gott:
der Vater, der Sohn und der Heilige Geist.
Amen.

Schwarze, Weiße, alle Welt

Weltmission, Christkönig, Tag des ausländischen Mitbürgers

Euch alle segne der Herr –
Er halte schützend Seine Hände:
über Klein und Groß – über Schwarz und Weiß.
Jeden von ihnen hat Er gewollt aus Lust am Vielerlei.

Euch lasse Er staunen
über die Glut der Sonne, die jeden wärmt
im Norden und im Süden,
die unaufhörlich scheint seit jenem Tag,
da Gott sie in den Kreis geschickt.

Euch lasse Er in fremder Welt
die Heimat finden und ein Haus,
das schützt vor Regen und vor dem Hass der Menschen.

Euch lasse Er Menschen begegnen,
für die ihr wichtig seid,
die euer Leben reich machen –
lebende Bilder sind sie von Ihm, dem fremden Gott. ↗

Euch lasse Er ein gutes Ende eurer Tage sehen
und dann Platz nehmen am Tisch des Himmels
mit allen Völkern, die unterwegs zu Ihm.

Das gewähre euch der Gott,
der selber fremd geworden im Land der Menschen
und der hier keine Heimat gefunden
– nicht nur in Betlehem –,
der Vater,
der Sohn
und der Heilige Geist.
Amen.

In Dienst genommen

Einführung/Dienstantritt für Ehrenamtliche

Gott segne euch,
da ihr dem Ruf gefolgt,
zu dienen Ihm und
auch den Menschen;

Sein Wort zu sein
mit Fleisch und Blut;

Sein Mund zu sein,
der Frohes ruft zu denen,
die es brauchen;

Sein Arm zu sein,
der hilft,
wo Not am Mann,
gar an der Frau;

Sein Fuß zu sein,
der eilt,
wenn Hoffnung nur noch glimmt. ↗

So werde Gottes Reich
durch euch erfahrbar für die Welt,
in der ihr lebt.

Der Segen dessen,
der's so will,
er sei wie Regen,
auch wie Sonne,
die wir beide brauchen,
und stärke euch den Rücken,
wenn nicht nur Wind dagegen will.

Er tu' es heute,
da der Dienst beginnt,
noch morgen
und die ganze Zeit.
Amen.

Ein Dach

Neues Zuhause, neues Miteinander

Ein Dach, das schützt –
wenn die Strahlen der Sonne
wie Feuer brennen.

Ein Dach, das den Regen abhält –
wenn der Himmel
seine Schleusen öffnet.

Ein Dach, das Schneeflocken auffängt –
wenn sie lautlos
das Leben einfrieren.

Ein Dach, das euch birgt –
wenn ihr Ruhe braucht
in den Stürmen des Lebens.

Ein Dach, unter dem ihr Menschen findet, die euch verstehen –
wenn ihr Blicke braucht, die wärmen,
und Hände, die euch hüten.

Das gewähre euch der Gott,
der uns den Himmel geschenkt als Dach,
das schützen will vor allem Bösen
und das birgt am Tag der Angst …
Amen.

Menschenfischer

Weihe-, Ordensjubiläum, Primiz

Gott segne euch, der Menschen ruft – auch fasziniert.
Und lasse ahnen den, der Mut zum Staunen,
dass Leben mehr als Brot und Wein, als Sterben und Gebären.

Er sende Engel mit auf jeden Weg –
geschmückt mit Flügeln – rauschend schön,
mit Augen auch – ganz den' der Menschen ähnlich:
so klar und wärmend wie des Geysirs Wasser:
damit sie zart berühren … manchmal halten,
damit sie schieben … gar nach vorne drängen,
damit sie hindern … wie ein grober Fels den Weg verstellen.

Er lasse eure Seelen Bilder malen
von einer Welt, wie ihr sie liebt,
und gebe Kraft der Hand, die greift,
dem Fuß, der Standort sucht,
damit auch wird, was nachts der Traum euch zugeraunt.

Gewähren wird dies Gott,
der aus dem Nichts das All geschaffen, der aus dem Staub
mich werden ließ und dich.

Und dessen Sohn sich selbst verschwendet – gut und gern –
an Buben, an Mädchen,
an Schmetterling und Klee,
an Wolf und Lamm.
Amen.

Haussegen

Hauseinweihung, Zeltlager

Segen euch von Gott:
damit hier wachsen können
das Leben und die Liebe …

Segen euch von Gott:
damit hier Frieden finden
die Kinder und die Freunde …

Segen euch von Gott:
damit hier wachsen können
Hoffnung und Glaube –
durch den Gott des Lebens,
den Vater, den Sohn
und den Heiligen Geist.
Amen.

Zu Hause

Hauseinweihung, Platzsegnung

Tautropfen von Gott –
damit bei euch wachsen können:
die Stille und die Lebendigkeit.

Tautropfen von Gott –
damit bei euch wachsen können:
der Friede und die Freude.

Tautropfen von Gott –
damit bei euch wachsen können:
das Leben und die Liebe –

durch Jesus Christus,
der selber Wohnung nahm unter uns
und auch heute kommt,
wo Herzen Ihn einlassen.

Christus segne euch und dieses Haus
mit Gott dem Vater
und dem Heiligen Geist.
Amen.

Dem Kind zuliebe

Einweihung oder Umbau in Kindergarten oder Grundschule

Gott selbst – einst Kind im fernen Betlehem –
Er mög' das Haus der Kinder hüten
vor allem, was den Kleinen schadet.
Sein Wort lässt wachsen, werden,
die Er gebildet fein und zart –
Sein Atem halte sie am Leben –
mehr noch: Er gebe Mut, die Schöpfung zu erkunden
und selber Schöpfer gar zu werden,
halt ganz nach Seinem Ebenbild*,
und alle die Talente zu erproben,
die jeder hat und oftmals gar nicht kennt.

Er lass dies Haus ganz wie ein Garten sein –
wo Kinder gleich den Blumen wachsen, blühen –
auch welken, Abschied nehmen, wie es der Schöpfung langer Brauch.
Er selber wohne hier und finde Platz, der Unerkannte –
ganz anders, als Er damals Herberg' suchte, doch nicht fand.** ↗

* Vgl. Matthäus 25,14 ff.

** Vgl. Lukas 2,7.

Und bleibe da, wenn Sonne sengt,
wenn Regen rinnt,
wenn Kinder spielen, streiten, lachen …
wenn ihre Tränen Auffangschalen suchen
und Wunden – ach! – so langsam heilen.

Er wird dies tun, weil Er die Kinder doch gewollt,*
gar selbst ganz klein geworden
und Jüngern diesen Rat gegeben:
vom Kind zu lernen – nicht vom Großen.
Amen.

* Vgl. Markus 10,13.

Grundstein gelegt

Grundsteinlegung

Er, dem wir noch trauen mehr als jedem Stein,
soll segnen dieses Land, das ihr gewählt,
und lasse wachsen und gedeih'n
euch, die ihr hier Wurzeln schlagt,
und das, was hier einst blüht.

Gelingen lasse Er das Miteinander –
auch mit den Menschen, die schon lange hier daheim,
und Ruhe lasse Er die finden,
die suchen nach neuer Art von Sein.

Wenn Beine müd' und Ohren taub
vom lauten Lärm der Welt,
dann werde dieser Ort
der letzten Tage schönes Zelt.
Dann werdet ihr, die heimatlos,
seit euch der Mutterschoß vertrieben,
noch Heimat finden – kurz –
und dieses alte Leben lieben.

Er mög' euch schleppen, tragen,
wenn eu're Haare nur noch grau
– so weiß es der Prophet* –
und wenn der Blick auch müde:
Die Ausschau nach der Zukunft steht –
die Sehnsucht nach dem Meer
und fremden Ufern stets rufend euch umweht. ↗

* Vgl. Jesaja 46,4.

Der Tod wird einst als Gast hier weilen
doch sei für ihn nur kurz die Zeit,
denn neue Heimat – mehr noch:
Leben anders als gelebt – erwartet jeden einst in Ewigkeit.

So steht es in dem Plan, den Er erstellt,
der war, bevor dies Land einst wurde,
und der euch hütet, schützt, bei dem
gezählt der Menschen Haar.

Gott möge dies gewähren, der keinen ganz allein gewollt
und der nicht nur die Zeit geschaffen,
sondern auch das Werden ihr gezollt,
das Gestern, Heute, Morgen,
all dies bei Ihm geborgen.
Amen.

Tischgebet

Essen, Agape

Der Herr segne unser Brot –
und führe zusammen, was getrennt ist.

Der Herr segne den Wein –
und richte auf, was gebeugt ist.

Der Herr segne unseren Leib –
und nähre, was hungrig ist.

Der Herr segne unser Herz –
und tröste, was verwundet ist.

Gott, unser Vater –
Jesus, unser Bruder –
und der Geist, der das wahre Leben gibt.
Amen.

Aufbruch

Silvester, Neujahr, Bußgottesdienst, Firmung, Konfirmation

Der Herr segne euch
und zeige euch das Land der Freiheit
– ihr hungert danach –.

Er lasse euch das Joch der Knechtschaft spüren*
– schwer wie Blei auf euren Schultern –,
damit ihr den Mut findet, es abzuwerfen: endlich!
Ihr könnt dann weitergehen: unbeschwert und leichten Fußes.

Er halte stets das Ziel euch vor die Augen:
die Freiheit, die das Leben braucht
zum Werden und zum Blühen.
Und stelle sich entgegen
– wie der Sturm, der sich erhebt –
wenn euch die Lust am Gestern überfällt.

Er lasse euch ankommen
im Land, das Freie kennt
– nicht Knechte oder Mägde.

Das gewähre uns der Gott,
der frei uns walten lässt:
Der Vater, der Sohn und der Heilige Geist.
Amen.

* Vgl. Exodus 2,23.

Neuland

Reisesegen

Unser Gott, dem keine Wege fremd sind,
gehe mit uns in neues Land.
Er lasse unsere Reisewege sicher sein
und uns wohlbehalten heimkehren
an den Ort, von dem wir aufgebrochen.

Er lasse uns Freude finden
an den Werken Seiner Schöpfung
und Freude an dem jetzt noch Fremden.

Er schenke uns ein feines Gespür
und ein offenes Herz,
dass wir nicht nur die Sprache
der Menschen verstehen,
sondern auch, was deren Seele schreibt
und ihre Träume nährt.

Unsere Zunge möge sich freuen
an uns unbekannten Früchten
und unsere Augen an Bäumen,
Pflanzen und Blumen,
deren Form und Farbe wir noch nie gesehen
und deren Duft die Nase bisher nicht kennt. ↗

Er lasse sich finden auch dort,
wo Sein Name anders gesprochen
und die Nachricht von Ihm
uns fremd erscheint.

So wird unser Herz sich weiten –
und unser Glaube neue Bilder
von Ihm entdecken.

Er lasse uns heil zurückkommen
in unser Haus,
erfüllt von der Schönheit Seiner Welt,
erholt und erfreut für unseren Alltag.

Das gewähre uns der Gott,
der ausgezogen ist mit Seinem Volk
in ein neues Land:
der Vater, der all das geschaffen,
der Sohn, der diese Erde geliebt,
und der Geist, der alles in Atem hält.
Amen.

Am Morgen

Morgengebet, Laudes, Frühschicht

Gottes Liebe gehe auf über dir
gleich der Sonne, die im Osten sich erhebt,
und lasse Sein Angesicht leuchten in dir –
schöner, als sie strahlt.

Er erfülle dich mit Seinem Licht
und schenke dir Freude,
hineinzugehen in den Tag –
dir neu geschenkt.

Er lasse dich Freude finden am Leben
und den Impulsen trauen,
die Er dir mitgegeben als Zeichen
Seiner Nähe.

Er schenke dir Tatkraft und Phantasie,
die Rätsel des Tages zu lösen,
und lasse dich nicht verzagen,
wenn dunkle Wolken dir das Licht trüben
oder gar den Blick verstellen. ↗

Er lasse dich Schatten finden,
wenn es in dir brennt und schmerzt,
und einen Ort, wo du ruhen
und neue Kraft schöpfen kannst
für die Zeit danach.

Er lasse dich den Abend genießen
und über das Werk deiner Hände staunen.
Und das, was du begonnen
und nicht beendet –
das möge Er vollenden.

Das gewähre dir der liebende Gott:
der Vater,
der Sohn,
der Heilige Geist.
Amen.

Am Abend

Abendgebet, Vesper

Der Gott-für-uns –
Er segne dich.
Er halte Seine gute Hand über dich,
wenn nun das Dunkel der Nacht
sich leise über uns senkt.

Er helfe dir, Abschied zu nehmen
von den Mühen und Sorgen des Tages.
Deine Seele lasse Er die Stille spüren,
die sie sucht, und ihren Frieden
darin finden.

Der barmherzige Gott
versöhne dich mit dem,
was du dir und anderen heute
schuldig geblieben bist.
Er lasse deine Hoffnung auf Erbarmen
nicht untergehen mit der Sonne,
die am Horizont versinkt.

Das gewähre dir der Herr,
der Tag und Nacht geschaffen hat:
der Gott der Menschen.
Amen.

Nachtbeginn

Vesper, Spätschicht, Liturgische Nacht

Der Herr segne uns und behüte uns.
Sterne der Nacht seien Boten Seiner Nähe,
die uns danken lassen für das Erlebte
und hoffen auf das,
was auf uns zukommt.

Die Heil-Kraft eines guten Wortes
richte sich am Ende dieses Tages
an die, die wir lieben –
und der Gedanke der Vergebung
an die, die uns verletzt haben.
Sein Engel möge euch berühren,
damit die Wunde besser heilt
und so der Friede werde.

Er schenke uns einen neuen Morgen,
der uns einlädt,
die Gnade des Anfangs anzunehmen
und uns an dem zu freuen,
was Er geschaffen für uns.

Das gewähre uns Gott,
der unseren Namen kennt,
der lebt und schweigt,
liebt und spricht –
alle Tage unseres Lebens.
Amen.

Des Schöpfers Werk

Tiersegen, Flursegen

Er segne Flur und Feld,
der dich geschaffen, mich und
all das Viele in der Welt.

Er lasse Wasser finden – keusch und klar –
den Fisch, der es zum Atmen braucht.
Und wärme mit der Sonne Ball
der Blumen bunten Kelch – von kühler Nacht noch angehaucht.

Dem Schmetterling mach Er die Flügel leicht
und lasse Bienen Nektar finden, bevor
der Frost ihr Leben lähmt, der Sommer halt
dem Winter weicht.

Er schenkt Kraft dem Pferd, das scheu
und schön – bewahre Ross und Reiter vor dem Fall
und lasse beider Wildheit wohl gelingen, hier,
da und überall.

Das wirke Schöpfers Geist in dieser Welt –
der all das, was geworden, auch erhält.
Er hab' ein Auge auf das Sein
bis zu dem Tag,
da nichts mehr bös' – nur noch das Gute
ganz allein.
Amen.

Auf Schwingen

Tiersegen für Vögel

Auch dich hat unser lieber Gott gewollt.
Dein Federkleid – so bunt –,
Er hat es selbst gewebt,
gemalt mit Seiner Hand.

Jetzt schütze Er's vor Regen, praller Sonne,
und vor bösen Fingern,
die dich ärgern wollen.

Gott helfe dir, ganz schön zu singen
ein Lied für Ihn, für uns und alle Welt,
und segne dich
damit du lange lebst bei uns daheim.
Amen.

Den Tieren auch

Tiersegen für lebende Kuscheltiere

Auch dich hat unser lieber Gott gewollt,
dein schönes Fell,
das ich so gern berühre,
und diesen kleinen Mund,
den ich nicht küssen darf.

Gott lasse Gras und Möhren
für dich wachsen
– denn Hunger kennst du auch –
und helfe mir, auf dich
zu achten,
damit es dir so gut geht
wie auch mir.
Amen.

Zeichen für Ihn

Segnung eines Andachtsgegenstandes

Und dies soll dir/euch ein Zeichen sein:

> nicht nur der Bogen dort im Regen,*
> der Wind auch an Elijas Höhle,**
> im Stalle einst das Kind auf Stroh*** –

jetzt hier … *(das Kreuz, das Bild, der Rosenkranz, die Kerze …)*
von dir/euch gewählt.

Er segne dieses Zeichen,
damit Er greifbar nah dir/euch werde,
der letztlich fremd
uns Menschen
wie das Meer dem Land,

und wehre so g'rad dem Vergessen,
dass »Jahwe« doch Sein Name,****
der »Gott-für-uns«,
der Menschen hält und hütet.
Amen.

* Vgl. Genesis 9,13.

** Vgl. 1 Könige 19,12.

*** Vgl. Lukas 2,12.

**** Vgl. Exodus 3,14.

BIBLISCHE SEGEN

Ganz am Anfang

Hochzeit, Taufe, Geburt

Nun sprach Gott: »Lasst uns den Menschen machen nach unserem Bilde, uns ähnlich.

Sie sollen herrschen über die Fische des Meeres und über die Vögel des Himmels, über das Vieh und über alles Wild des Feldes und über alles Gewürm, das auf dem Erdboden kriecht.«

Und Gott schuf den Menschen nach Seinem Bilde, nach dem Bilde Gottes schuf Er ihn, als Mann und Frau schuf Er sie.

Gott segnete sie.

Genesis 1,26–28a

Du bist ein Segen

Aufbruch, Neubeginn

Jahwe sprach zu Abram: »Ziehe fort aus deinem Land, aus deiner Verwandtschaft und aus deinem Vaterhaus in das Land, das ich dir zeigen werde. Ich will dich zu einem großen Volke machen. Ich will dich segnen und deinen Namen groß machen, und du sollst ein Segen sein. Ich werde segnen, die dich segnen, und die dich verwünschen, werde ich verfluchen. Durch dich sollen gesegnet sein alle Geschlechter der Erde.«

Da zog Abram fort, wie ihm Jahwe befohlen hatte, und mit ihm zog Lot. Abram war fünfundsiebzig Jahre alt, als er von Haran wegzog. Und Abram nahm seine Frau Sarai, seinen Neffen Lot und alle ihre Habe, die sie besaßen, sowie alles Gesinde, das sie in Haran erworben hatten. Dann brachen sie auf, um in das Land Kanaan zu ziehen, und sie kamen in das Land Kanaan.

Abram zog durch das Land bis zur Stätte von Sichem, bis zur Terebinthe (zum heiligen Baum) des More. Die Kanaaniter waren damals im Lande. Da erschien Jahwe dem Abram und sprach: »Deinen Nachkommen will ich dieses Land geben.« Da baute er dort Jahwe, der ihm erschienen war, einen Altar. Von da zog er weiter in das Gebirge östlich von Betel und schlug sein Zelt auf, Betel im Westen und Ai im Osten. Da baute er Jahwe einen Altar und rief den Namen Jahwes an. Dann wanderte Abram immer weiter nach dem Negeb zu.

Genesis 12,1–9

Enttäuscht

Krisenzeit, Verlust, Enttäuschung

Als Isaak alt geworden war und seine Augen erloschen, so dass er nicht mehr sehen konnte, rief er seinen älteren Sohn Esau und sagte zu ihm: »Mein Sohn!« Dieser antwortete: »Hier bin ich.« Da sagte er: »Du siehst, ich bin alt geworden, den Tag meines Todes aber weiß ich nicht. So nimm jetzt dein Jagdgerät, deinen Köcher und deinen Bogen, gehe hinaus auf das Feld und erjage mir ein Wild! Bereite mir es schmackhaft zu, wie ich es liebe. Bringe es mir, und ich will essen, damit meine Seele dich segne, ehe ich sterbe.«

Rebekka hatte gehorcht, als Isaak mit seinem Sohne Esau redete. Esau ging auf das Feld, um ein Wild für seinen Vater zu erjagen. Da sagte Rebekka zu ihrem Sohne Jakob: »Soeben habe ich gehört, wie dein Vater zu deinem Bruder Esau sagte: ›Bringe mir ein Wild und bereite es schmackhaft zu; dann will ich essen und dich vor Jahwe segnen, ehe ich sterbe.‹ Und nun, mein Sohn, höre auf mich, auf das, was ich dich heiße. Gehe sofort zur Herde und hole mir von dort zwei schöne Ziegenböcklein! Ich will sie für deinen Vater schmackhaft zubereiten, wie er es liebt. Du bringst die deinem Vater zum Essen, damit er dich segnet, bevor er stirbt.« …

So ging er zu seinem Vater hinein und sprach: »Mein Vater!« Der sagte: »Hier bin ich; wer bist du, mein Sohn?« Jakob erwiderte seinem Vater: »Ich bin Esau, dein Erstgeborener. Ich habe getan, wie du mir aufgetragen hast. Setze dich nun auf und iss von meinem Wildbret, damit deine Seele mich segne.« Da sprach Isaak zu seinem Sohne: »Wie hast du so rasch etwas finden können, mein Sohn?« Er antwortete: »Jahwe, dein Gott, ließ es mir in den Weg laufen.« Darauf sagte Isaak zu Jakob: »Tritt näher, damit ich dich betaste, mein Sohn, ob du wirklich mein Sohn Esau bist oder nicht.« Jakob trat zu seinem Vater

Isaak heran, und dieser betastete ihn und sagte: »Die Stimme ist Jakobs Stimme, die Arme aber sind Esaus Arme.« Doch er erkannte ihn nicht, weil seine Arme behaart waren wie die Arme seines Bruders Esau. Darum segnete er ihn. Er fragte ihn: »Du bist also wirklich mein Sohn Esau?« Er erwiderte: »Ich bin es.« Da sagte er: »So reiche es mir! Ich will von dem Wildbret meines Sohnes essen, damit meine Seele dich segne.« Er reichte es ihm, und er aß; dann reichte er ihm Wein, und er trank. Hierauf sprach sein Vater Isaak zu ihm: »Tritt noch näher heran und küsse mich, mein Sohn!« Er trat heran und küsste ihn. Als er den Duft seiner Kleider roch, segnete er ihn und sprach:

»Siehe, der Duft meines Sohnes ist wie der Duft eines fruchtbaren Feldes, das Jahwe gesegnet hat. Es gebe dir Gott vom Tau des Himmels und vom Fett der Erde und Korn und Most in Fülle. Völker sollen dir dienen und Nationen sich vor dir beugen. Du sollst der Gebieter über deine Brüder sein, und die Söhne deiner Mutter sollen sich vor dir neigen. Verflucht sei, wer dich verflucht, und gesegnet, wer dich segnet!«

Als Isaak den Segen über Jakob vollendet hatte und Jakob eben erst von seinem Vater hinausgegangen war, kam sein Bruder Esau von der Jagd zurück. Auch er bereitete ein schmackhaftes Gericht, brachte es seinem Vater und sprach: »Setze dich auf, mein Vater, und iss von dem Wildbret deines Sohnes, auf dass deine Seele mich segne!« Da sprach sein Vater Isaak zu ihm: »Wer bist du?« Er antwortete: »Ich bin dein erstgeborener Sohn Esau.« Da erschrak Isaak über alle Maßen und sagte: »Wer war denn der, der ein Wildbret erjagt und es mir gebracht hat? Und ich habe in gutem Glauben gegessen, ehe du kamst, und habe ihn gesegnet. Er wird auch gesegnet bleiben.«

Als Esau die Worte seines Vaters hörte, schrie er maßlos laut und erbittert und sprach zu seinem Vater: »Segne doch auch mich, mein Vater!« Er antwortete: »Dein Bruder ist mit List gekommen und hat deinen Segen weggenommen.« Darauf sagte er: »Mit Recht hat man ihn Jakob genannt. Schon zweimal hat er mich betrogen. Er hat mir mein Erstgeburtsrecht genommen, und nun hat er mir den Segen weggenommen.« Und weiter sagte er: »Hast du denn keinen Segen für mich zurückbehalten?« Isaak antwortete und sprach zu Esau: »Siehe, ich habe ihn zum Herrn über dich gesetzt, und alle seine Brüder habe ich ihm zu Knechten gegeben. Mit Korn und Most habe ich ihn versorgt. Was könnte ich für dich noch tun, mein Sohn?«

Da erwiderte Esau seinem Vater: »Hast du nur einen Segen, mein Vater? Segne doch auch mich, mein Vater!« Isaak aber schwieg, und Esau begann laut zu weinen. Da antwortete sein Vater Isaak und sprach zu ihm: »Siehe, fern vom fruchtbaren Land wird dein Wohnsitz sein und fern vom Tau des Himmels oben. Von deinem Schwerte musst du leben, und deinem Bruder musst du dienen. Doch wenn du rüttelst, wirst du sein Joch von deinem Nacken schütteln.«*

Genesis 27,1–40

* Esau hasste fortan Jakob um des Segens willen, mit dem sein Vater ihn gesegnet hatte. Und Esau sprach bei sich: »Bald nahen die Tage der Trauer um meinen Vater; dann werde ich meinen Bruder Jakob erschlagen.« Rebekka wurden diese Worte ihres älteren Sohnes hinterbracht. Sie sandte deshalb hin und ließ ihren jüngeren Sohn Jakob rufen, und sie sagte zu ihm: »Siehe, dein Bruder Esau sinnt Rache gegen dich und will dich erschlagen. Hör nun, mein Sohn, auf meinen Rat! Mache dich auf und fliehe zu meinem Bruder Laban nach Haran. Bleibe einige Zeit bei ihm, bis sich der Zorn deines Bruders gelegt hat. Sobald der Zorn deines Bruders von dir ablässt und er vergisst, was du ihm angetan hast, schicke ich hin und lasse doch von da holen. Warum soll ich euch beide an einem Tag verlieren?«

Genesis 27,41–45

Segenspsalm

Schuld, Fastenzeit, Bußgottesdienst

Zu Dir, Jahwe, erhebe ich meine Seele, Du mein Gott. Auf Dich vertraue ich, lass mich zuschanden nicht werden; nicht sollen über mich triumphieren die Feinde. Denn alle, die Deiner harren, sie werden nimmer zuschanden; zuschanden werden, die leichthin brechen die Treue.

Zeige mir Deine Wege, Jahwe, und lehre mich Deine Pfade. Führe mich in Deiner Wahrheit und lehre mich, denn Du bist mein Gott und mein Helfer; allzeit harre ich Dein.

Gedenke Deines Erbarmens, Jahwe, und Deiner Gnade, die waltet von Anbeginn. Meiner Jugend Sünden und meiner Verirrungen gedenke nicht mehr; um Deiner Güte willen, Jahwe, gedenke meiner in Gnade. Gütig ist Jahwe und getreu, darum weist Er dem Sünder den Weg. Die Willigen führt Er nach Recht, Demütige lehrt Er seine Pfade. Alle Wege Jahwes sind Gnade und Treue für jene, die seinen Bund und seine Gebote bewahren.

Um Deines Namens willen, Jahwe, vergib meine Sünde, denn sie ist groß.

Wer ist der Mann, der fürchtet Jahwe? Ihm weist Er den Weg, den er wählen soll. Seine Seele darf leben in Glück, und seine Kinder werden besitzen das Land. Jahwes Geheimnis wird denen zuteil, die Ihn fürchten; Er macht Seinen Bund ihnen offenbar. Immerdar schauen meine Augen zu Jahwe; Er ist es, der meinen Fuß befreit aus der Schlinge. ↗

Blicke auf mich und erbarme Dich meiner, denn einsam bin ich und arm. Löse meines Herzens Bedrängnis, aus meinen Nöten errette mich. Schau mein Elend und meine Plage und vergib mir all meine Schuld. Sieh an meine Feinde, wie groß ihre Zahl; wie wütend der Hass, mit dem sie mich hassen!

Bewahre meine Seele und rette mich; lass mich zuschanden nicht werden, ich flüchte zu Dir. Behüten möge mich Unschuld und redlicher Sinn; Jahwe, ich hoffe auf Dich.

Psalm 25

Im Elend

Krankheit, Schuld, Krise

Jahwe, ich flüchte zu Dir, lass mich zuschanden nicht werden in Ewigkeit; in Deiner Gerechtigkeit mache mich frei und rette mich. Neige Dein Ohr mir zu, eile herbei, sei mir ein Felsen der Zuflucht, eine feste Burg, mich zu retten. Wahrlich, Du bist mein Fels, meine Burg; um Deines Namens willen führe mich und leite mich Du. Du ziehst mich aus dem Netz, das sie heimlich mir stellten; Du bist meine Rettung.

In Deine Hände befehle ich meinen Geist; Du wirst mich erlösen, Jahwe. Du Gott der Treue, Du hassest, die verehren nichtige Götzen, ich aber vertraue Jahwe.

Frohlocken darf ich und Deiner Güte mich freuen, denn gnädig hast Du auf mein Elend geschaut; meiner Seele hast Du geholfen in der Bedrängnis. Nicht gabst Du mich preis der Macht meiner Feinde, Du hast auf weiten Raum meinen Fuß gestellt.

Erbarme Dich meiner, Jahwe, ich bin voll der Ängste, getrübt vor Kummer ist mir der Blick, verstört sind mir Seele und Leib. In Kummer geht mein Leben dahin, meine Jahre entschwinden in Seufzen. Meine Kraft ist gebrochen im Elend, erschüttert ist all mein Gebein.

Ich aber, Jahwe, ich vertraue auf Dich; ich sage: »Du bist mein Gott.« Meine Zeiten ruhen in Deiner Hand, entreiße mich der Gewalt meiner Feinde und meiner Verfolger. Lass leuchten über Deinem Knechte Dein Antlitz, rette mich in Deinem Erbarmen. Jahwe, lass mich zuschanden nicht werden, da ich Dich anrief. ↗

Wie groß ist Deine Güte, Jahwe, die Du denen bewahrst, die Dich fürchten! Du erweisest sie vor den Augen der Menschen an denen, die ihre Zuflucht nehmen zu Dir. Du deckst sie mit dem Schild deines Blickes vor der Verschwörung der Menschen. Du verwahrst sie in Deinem Gezelt vor dem Streite der Zungen.

Gepriesen sei Jahwe, wunderbar erwies Er mir Sein Erbarmen. Ich hatte gesprochen in meiner Bestürzung: »Verstoßen bin ich aus Deinen Augen.« Du aber hast meines Flehens Stimme vernommen, da ich gerufen zu Dir.

Liebt Jahwe, ihr Frommen alle; seine Getreuen behütet Jahwe. Doch zahlt reichlich Er heim denen, die handeln in Übermut. Seid stark und tapferen Mutes, alle, die ihr hofft auf Jahwe.

Aus Psalm 31

Mut für den Weg

Krisensituation, Neubeginn

»Ich bin dein Gott,
der Gott, der Menschen in die Freiheit ruft.
Ich habe dein Elend gesehen
und dein Schreien gehört.
Du brauchst nicht im Finstern zu leben.
Mache dich auf!
Ich gehe mit dir.
Ich-bin-da
ist mein Name.
Mein Segen gilt dir.«

Nach Exodus 3

Gottes Geist über uns

Vertrauen, Zukunft, Ermutigung, Pfingsten

Nun aber höre, Jakob, mein Knecht, und Israel, das ich erwählte! So spricht Jahwe, der dich geschaffen und gebildet hat vom Mutterleib an, der dir hilft: »Fürchte dich nicht, mein Knecht Jakob, Jeschurun, den ich mir erkoren habe. Denn ich gieße Wasser über lechzendes Land und Bäche über ausgetrocknetes Erdreich. Ich gieße meinen Geist aus auf dein Geschlecht und meinen Segen auf deine Sprösslinge. Sie sollen sprossen wie Gras, umgeben von Wasser, wie die Weiden an Wasserläufen. Der eine wird dann sagen: ›Ich gehöre Jahwe‹, der andere wird sich mit Jakobs Namen nennen; dieser schreibt auf seine Hand: ›Jahwe‹, und jener erhält den Ehrennamen Israel.«

So spricht der König Israels und sein Erlöser, Jahwe Zebaot: »Ich bin der Erste und der Letzte; außer mir gibt es keinen Gott. Wer ist mir gleich? Er trete auf, melde sich, er tue kund und lege es mir vor! Wer ließ von Urzeit her das Künftige hören und das Kommende, das soll man uns künden! Fürchtet euch nicht und seid nicht bange! Hab ich es dir nicht längst schon kundgetan und angezeigt? Ihr seid meine Zeugen. Gibt es außer mir noch einen Gott? Von einem anderen Felsen weiß ich nichts. …

Jakob, denke an all dies, und dass du mein Knecht bist, Israel! Ich habe dich gebildet. Mein Knecht bist du; du bleibst mir unvergessen, Israel! Ich tilge deine Missetaten wie eine Wolke und deine Sünden wie ein Gewölk. O kehre um zu mir; denn ich habe dich erlöst!

Jauchzet, ihr Himmel, denn Jahwe hat gehandelt! Frohlockt, ihr Tiefen der Erde! Ihr Berge, brecht in Jubel aus, du Wald und all ihr Bäume darin! Denn Jahwe hat Jakob erlöst und sich an Israel verherrlicht.

Aus Jesaja 44

Verheißung

Bußgottesdienst, Notlage

Hört mich, die ihr nach Gerechtigkeit trachtet, die ihr Jahwe sucht! Blickt auf den Felsen, aus dem ihr herausgehauen seid, auf den Brunnenschacht, aus dem ihr gegraben seid. Blickt hin auf Abraham, euren Vater, und auf Sara, die euch gebar. Denn als einzelnen habe ich ihn berufen, gesegnet und gemehrt. So wird Jahwe auch Zion trösten, trösten alle seine Trümmer. Seine Wüste wird er zu einem Paradiese machen und seine Steppe wie zu einem Gottesgarten. Dort wird Freude und Wonne gefunden, Preis und Lobgesang.

Hört auf mich, ihr Völker, und merkt auf, ihr Nationen! Denn von mir geht Unterweisung aus, und mein Urteil wird das Licht der Völker sein. Kommen lasse ich plötzlich meine Gerechtigkeit, mein Heil wird kommen wie das Licht. Mein Arm wird die Völker richten. Die Inseln werden auf mich harren und hoffen auf meinen Arm. Erhebt zum Himmel eure Augen und schaut auf die Erde unten! Der Himmel wird wie Rauch vergehen und die Erde wie ein Kleid zerfallen, und ihre Bewohner schwinden wie sie dahin. Doch mein Heil besteht in Ewigkeit, und meine Gerechtigkeit nimmt nie ein Ende. Hört auf mich, die ihr das Recht kennt, du Volk, das mein Gesetz in seinem Herzen trägt! Fürchtet nicht den Spott der Menschen, und vor ihrem Schmähen bangt nicht! Wie ein Kleid wird sie die Motte fressen und wie Wolle sie die Schabe ganz zernagen. Meine Gerechtigkeit aber besteht in Ewigkeit und mein Heil von Geschlecht zu Geschlecht.

Erhebe dich, erhebe dich, umkleide dich mit Kraft, du Arm Jahwes! Erhebe dich wie in den Tagen der Vorzeit, bei den längst vergangenen Geschlechtern! Warst du es nicht, der Rahab zerhieb, den Drachen durchbohrte? Warst du es nicht, der das Meer vertrocknen ließ, das Wasser der gewaltigen Flut, der die Tiefe des Meeres zum Wege schuf, dass die Erlösten durch sie hindurchziehen konnten? Die Jahwe erlöste, kehren heim, jauchzend werden sie nach Zion kommen, ewige Freude strahlt über ihren Häuptern. Jubel und Wonne wird ihr Anteil, entflohen sind Leid und Kummer.

Ich, ich selbst bin es, der dich tröstet. Wer bist du, dass du dich vor sterblichen Menschen fürchtest, vor Menschenkindern, die wie Gras verwelken? Du hast Jahwe vergessen, deinen Schöpfer, der den Himmel ausgespannt und die Erde gegründet hat, und zitterst immerfort, jeden Tag vor dem Grimm deines Drängers, weil er dich vernichten wollte. Wo ist denn nun des Bedrängers Wut?

Gleich wird der Gefesselte befreit; er wird nicht tot zur Grube fahren, noch wird es ihm ferner an Speise mangeln. Ich bin Jahwe, dein Gott, der das Meer erregt, dass seine Wogen brausen, Jahwe Zebaot ist mein Name. Ich habe mein Wort in deinen Mund gelegt und dich im Schatten meiner Hand geborgen, um einen Himmel auszuspannen und eine Erde zu begründen und um Zion zu sagen: »Mein Volk bist du!«

Jesaja 51,1–16

Suchet!

Krisenzeit

Sucht Jahwe, solange er sich finden lässt; ruft ihn, solange er nahe ist!

Der Gottlose verlasse seinen Weg und der Frevler seine Pläne. Er kehre zu Jahwe zurück, dass Er sich seiner erbarme, und zu unserem Gott, Er ist groß im Verzeihen. Denn meine Gedanken sind nicht eure Gedanken, und eure Wege sind nicht meine Wege, spricht Jahwe. Vielmehr, so hoch der Himmel über der Erde ist, so hoch sind meine Wege über euren Wegen und meine Gedanken über den euren.

Gleichwie Regen und Schnee vom Himmel fallen und dorthin nicht zurückkehren, ohne die Erde zu tränken, zu befruchten und sie sprossen zu lassen, so dass sie Samen den Säenden und Brot den Essenden gibt, so verhält es sich mit meinem Wort, das aus meinem Mund hervorgeht: Es kommt nicht leer zu mir zurück, ohne vollbracht zu haben, was ich wollte, und ausgeführt zu haben, wozu ich es sandte.

Fürwahr, mit Freude werdet ihr ausziehen und in Frieden geleitet werden. Die Berge und die Hügel brechen vor euch in Jubel aus, alle Bäume des Feldes klatschen in die Hände. Zypressen wachsen statt der Dornen, statt der Nesseln sprossen Myrten. Dies wird Jahwe zum Ruhme sein und zu einem ewigen Zeichen, das nicht vergeht.

Jesaja 55,6–13

Segensbitte

Dank, Bitte

Gott sei uns gnädig, Er segne uns, Er lasse uns leuchten Sein Angesicht: dass wir Seinen Weg erkennen auf Erden, bei allen Völkern Sein Heil.

Dich sollen preisen, o Gott, die Völker, alle Völker sollen Dich preisen. Freuen sollen sich alle Stämme und jubeln, denn Du richtest die Erde gerecht. Du richtest die Völker nach Recht, Du lenkest alle Stämme auf Erden.

Dich sollen preisen, o Gott, die Völker, alle Völker sollen Dich preisen. Die Erde gab ihre Frucht: Gott, unser Gott, Er hat uns gesegnet. Gott gebe uns Seinen Segen, und fürchten sollen Ihn alle Enden der Erde.

Psalm 67

Gottesfurcht

Morgengebet, Frühschicht

Selig der Mann, der fürchtet Jahwe, der Freude hat an Seinen Geboten. Sein Stamm wird im Lande gar mächtig, Segen ruht auf dem Geschlecht der Frommen. In Seinem Hause ist Fülle und Reichtum, Seine Gerechtigkeit währt für immer. Den Guten erstrahlt Er als Licht in der Finsternis, milde ist Er, gerecht und barmherzig.

Wohl dem, der Erbarmen übt und leiht mit Freude, der seine Sache ordnet nach Recht. Nimmer gerät er ins Wanken; in stetem Gedächtnis bleibt der Gerechte. Vor böser Kunde muss er nicht bangen; stark ist sein Mut, denn er hofft auf Jahwe.

Sein Herz ist getrost, er kennt keine Furcht, bis er sieht seinen Feind in Verwirrung. Er teilt aus und spendet den Armen, seine Gerechtigkeit währt für immer, herrlich hebt sich empor sein Horn. Der Gottlose sieht es voll Unmut, er knirscht mit den Zähnen und schwindet dahin; der Sünder Gelüst wird zunichte.

Psalm 112

Hirt Israels

Not, Krise

Ich hebe meine Augen empor zu den Bergen: Woher wird Hilfe mir kommen? Hilfe kommt mir von Jahwe, der geschaffen Himmel und Erde.

Er lässt deinen Fuß nicht wanken; der dich behütet, Er schläft nicht. Siehe, es wird nicht schlafen, nicht ruhn, der Wache hält über Israel.

Jahwe ist dein Hüter! Zu deiner Rechten wird Jahwe dich beschützen. Am Tag wird dich nicht versehren die Sonne, nicht schadet dir der Mond in der Nacht.

Vor allem Übel wird Jahwe dich bewahren, Er behütet dein Leben. Jahwe behütet dein Gehen und Kommen von nun an bis in die Ewigkeit.

Psalm 121

Mahnung

Neubeginn, Dienstantritt

Mein Sohn (meine Tochter), nimmst du an meine Worte,
bewahrst dir meine Gebote,
Indem du der Weisheit dein Ohr neigst, dein Herz zuwendest
der Einsicht;
Ja, nur wenn du rufst nach Verständnis, deine Stimme nach
Einsicht verlangt;
Wenn du nach ihr wie nach Silber suchst, ihr nachspürst wie
Schätzen:
Dann wirst du die Furcht Jahwes verstehen und Gottes Erkenntnis
gewinnen;
Denn Weisheit verleiht nur Jahwe; aus Seinem Mund kommt
Erkenntnis und Einsicht;
Er hält Bestand bereit den Redlichen, ist denen ein Schild,
die lauter wandeln,
Indem Er hütet des Rechtes Pfade und deren Weg bewacht,
die Ihm treu sind. ↗

Dann verstehst du Gerechtigkeit, Recht und Geradheit und
jede gute Bahn;
Denn Weisheit zieht ein in dein Herz, und Erkenntnis erfreut
deine Seele;
Besonnenheit wacht über dir, und Einsicht wird dich behüten,
Dich zu bewahren vor schlechtem Wege, vor Leuten,
die Verkehrtes reden,
Die verlassen die geraden Pfade, um auf dunklen Wegen zu gehen;
Denen es Freude macht, Schlechtes zu tun, die jauchzen
bei schlimmer Verkehrtheit;
Deren Pfade gewunden sind und die auf krummen Gleisen fahren.
Drum geh den Weg der Guten, halte ein der Gerechten Pfade!
Denn nur Redliche werden im Lande wohnen, nur die Lauteren
darin bleiben.

Aus Sprichwörter 2,1–21

Spiel-Regel

Krise, Neubeginn

Mein Sohn (meine Tochter), vergiss meine Lehre nicht, dein Herz bewahre meine Gebote! Dann bringen sie dir langes Leben, glückliche Jahre und Wohlergehen.

Nie dürfen dich Liebe und Treue verlassen; binde sie an deinen Hals, auf deines Herzens Tafel schreibe sie! Dann findest du Gunst und Wohlgefallen vor den Augen Gottes und der Menschen.

Vertraue ganzen Herzens auf Jahwe, doch baue nicht auf eigene Klugheit. Auf all deinen Wegen suche Ihn zu erkennen; Er macht deine Pfade dann gerade. Halte dich nicht selbst für weise: Fürchte vielmehr Jahwe und meide das Böse!

Ehre Jahwe mit deinem Vermögen, mit den Erstlingen von allem, was einkommt. So füllen sich mit Korn deine Speicher, und deine Kufen laufen über von Wein.

Nicht weise von dir, mein Sohn (meine Tochter), Jahwes Zurechtweisung, und Seiner Rüge widerstrebe nicht. Jahwe weist ja den zurecht, den Er liebt, wie ein Vater den Sohn (das Kind), dem er wohlwill!

Glücklich der Mann, der Weisheit gefunden, der Mensch, der Einsicht erlangt! Denn besser ist's, sie zu erwerben als Silber, und sie zu bekommen ist mehr wert als Gold. Sie ist kostbarer als Korallen, ihr gleich kommt keine von deinen Kostbarkeiten. In der Rechten hält sie langes Leben, in der Linken Reichtum und Ehre. Ihre Wege sind freundliche Wege, auf all ihren Pfaden ist Wohlergehen. Wer nach ihr greift, dem ist sie ein Lebensbaum; und wer sie festhält, ist glücklich zu preisen! ↗

Jahwe hat mit Weisheit die Erde gegründet, mit Einsicht den Himmel gefestigt. Nach Seiner Erkenntnis brachen die Urfluten auf, träufeln die Wolken den Tau.

Mein Sohn (meine Tochter), verliere sie nie aus den Augen, bewahre Klugheit und Umsicht! So werden sie deiner Seele zum Leben und deinem Halse zum Schmuck. Dann gehst du sicher deinen Weg und stößt nicht an mit dem Fuße. Setzt du dich nieder, so braucht dir nicht bange sein, und ruhst du, so schläfst du erquickend. Du musst dich nicht fürchten vor plötzlichem Schrecknis, vor dem Unwetter über die Frevler, das kommt! Denn Jahwe wird deine Zuversicht sein; Er bewahrt deinen Fuß vor dem Fallstrick.

Enthalte dem die Guttat nicht vor, der sie braucht, wenn in deiner Macht steht, es zu tun! Zum Nächsten sage nicht: »Geh! Komm nochmals; morgen gebe ich!«, wo du es gleich kannst! Plane nichts Böses wider den Nächsten, während er arglos bei dir sitzt! Mit keinem Menschen streite grundlos, wenn er dir nichts Böses getan! Beneide nicht den Mann der Gewalttat und wähle keinen seiner Wege. Jahwe verabscheut ja, die auf Abwegen sind; doch mit den Redlichen lebt Er vertraut.

Aus Sprichwörter 3,1–32

Zukunft

Geburtstag

Selig, wer fürchtet Jahwe,
wer wandelt auf Seinen Wegen!

Was die Hand dir erwarb, du darfst es genießen;
leben wirst du in Glück und in Wohlergehn.

(Deine Frau im Gemach deines Hauses,
sie gleicht der fruchtbaren Rebe.

Und wie die jungen Zweige am Ölbaum,
so sind rings um den Tisch deine Kinder.)

Siehe, so wird der Mann (die Frau) gesegnet,
der (die) fürchtet Jahwe!

Es segne Jahwe dich von Zion,
dass du schauest Jerusalems Glück alle Tage des Lebens!

Und mögest du schauen die Kinder von deinen Kindern!
Friede sei über Israel!

Psalm 128

Gnadenjahr

Neubeginn, Gemeinschaft

Der Geist des Herrn Jahwe ruht auf mir; denn Jahwe hat mich gesalbt. Er hat mich gesandt, den Armen die Frohbotschaft zu bringen, zu heilen, die gebrochenen Herzens sind; den Gefangenen Befreiung und den Gefesselten Erlösung anzukündigen, auszurufen ein Jahr der Gnade von Jahwe, einen Tag der Rache für unseren Gott; alle Betrübten zu trösten und ihnen die Asche mit einem Diadem, das Trauerkleid mit Freudenöl und den verzagten Geist mit Festgesang zu vertauschen. Man wird sie Eichen der Gerechtigkeit nennen, eine Pflanzung Jahwes zu Seiner Verherrlichung.

Denn ich, Jahwe, liebe das Recht und hasse frevlerischen Raub. Ich gebe in Treue ihren Lohn und schließe einen ewigen Bund mit ihnen. Ihre Nachkommen werden unter den Völkern bekannt werden und ihre Sprösslinge unter den Nationen. Alle, die sie sehen, werden eingestehen, dass sie ein Geschlecht sind, das Jahwe gesegnet hat.

Darum will ich frohlocken in Jahwe, und jubeln soll meine Seele in meinem Gott. Denn Er hat mich mit den Gewändern des Heils bekleidet, in den Mantel der Gerechtigkeit mich gehüllt, wie ein Bräutigam sich den Kopfschmuck aufsetzt, wie eine Braut sich schmückt mit ihrem Geschmeide. Denn wie die Erde Gewächse hervorbringt und wie im Garten sprosst die Saat, so lässt der Herr Jahwe Gerechtigkeit sprossen und Ruhm vor allen Völkern.

Aus Jesaja 61,1–11

Kein Hindernis

Kinder

Und man brachte Kinder zu Jesus, damit Er sie berühre. Die Jünger aber schalten sie. Doch als Jesus das sah, wurde Er unwillig und sprach zu ihnen: »Lasst die Kinder zu mir kommen, wehrt ihnen nicht, denn für solche ist das Reich Gottes. Wahrlich, ich sage euch: Wer das Reich Gottes nicht annimmt wie ein Kind, wird nicht hineingelangen.« Und Er umarmte und segnete sie, indem Er ihnen die Hände auflegte.

Markus 10,13–16

Simeons Segen

Kerzenweihe, Lichtmess

Und siehe, es war in Jerusalem ein Mann namens Simeon; er war gerecht und gottesfürchtig und wartete auf den Trost Israels, und Heiliger Geist war über ihm. Ihm war vom Heiligen Geist offenbart worden, er werde den Tod nicht sehen, bevor er den Messias des Herrn gesehen habe. Er kam im Geiste in den Tempel, und als die Eltern das Kind Jesus hereinbrachten, um nach dem Brauch des Gesetzes an ihm zu tun, nahm er es in seine Arme, lobte Gott und sprach:

»Nun entlässest Du Deinen Diener, Herr,
nach Deinem Worte in Frieden;
denn meine Augen haben Dein Heil geschaut,
das Du bereitet hast im Angesicht aller Völker,
ein Licht zur Offenbarung für die Heiden
und zur Verherrlichung Deines Volkes Israel.«

Und sein Vater und seine Mutter wunderten sich über das, was von ihm gesagt wurde. Und Simeon segnete sie und sprach zu Maria, seiner Mutter: »Siehe, dieser ist gesetzt zum Falle und zum Aufstehen vieler in Israel und zu einem Zeichen, dem widersprochen wird; aber auch deine eigene Seele wird ein Schwert durchdringen, auf dass die Gedanken aus vielen Herzen offenbar werden.«

Lukas 2,25–35

Selig

Begräbnis, Requiem

Jesus erhob … Seine Augen und sprach:
»Selig ihr Armen, denn euer ist das Reich Gottes.
Selig, die ihr jetzt hungert, denn ihr werdet gesättigt werden.
Selig, die ihr jetzt weint, denn ihr werdet lachen.
Selig seid ihr, wenn euch die Menschen hassen,
wenn sie euch ausstoßen,
schmähen und euren Namen als schlecht wegwerfen
um des Menschensohnes willen.
Freut euch an jenem Tage und frohlocket, denn siehe,
euer Lohn ist groß im Himmel.
Denn gerade so haben ihre Väter den Propheten getan.«

Lukas 6,20–23

Nichts Böses

Gemeinschaft

Die Liebe sei ungeheuchelt. Verabscheut das Böse, hängt dem Guten an. In der Bruderliebe seid einander herzlich zugetan, ein jeder schätze den anderen an Ehre höher ein als sich selbst. Seid nicht saumselig im Eifer, seid glühenden Geistes, dient dem Herrn. Seid fröhlich in der Hoffnung, geduldig in der Drangsal, beharrlich im Gebet. Nehmt Anteil an den Nöten der Heiligen, befleißigt euch der Gastfreundschaft.

Segnet, die euch verfolgen; segnet und flucht nicht. Freut euch mit den Fröhlichen, weint mit den Weinenden. Seid eines Sinnes miteinander, trachtet nicht nach dem Hohen, sondern lasst euch zum Niedrigen herab; haltet euch nicht selbst für klug. Vergeltet niemandem Böses mit Bösem; seid vor allen Menschen auf das Gute bedacht. Soweit es möglich ist und es an euch liegt, lebt mit allen Menschen in Frieden. Rächt euch nicht selbst, Geliebte, sondern gebt dem Zorn Raum. Es steht ja geschrieben: »Mein ist die Rache, ich will vergelten, spricht der Herr.« Vielmehr, wenn dein Feind hungert, speise ihn, wenn er dürstet, tränke ihn. Denn wenn du dies tust, wirst du feurige Kohlen auf sein Haupt sammeln. Lass dich nicht vom Bösen überwinden, sondern überwinde das Böse durch das Gute.

Römer 12,9–21

Viel versprechend

Heilsplan Gottes

Gepriesen sei der Gott und Vater unseres Herrn Jesus Christus, der uns mit jeglicher Art von geistlichem Segen in den Himmeln gesegnet hat in Christus.

Denn in Ihm hat Er uns auserwählt vor Grundlegung der Welt, auf dass wir heilig seien vor Seinem Angesicht und makellos. In Liebe hat Er uns durch Jesus Christus dazu vorausbestimmt, zur Sohnschaft (Kindschaft) hin zu Ihm nach dem Wohlgefallen Seines Willens, zum Lobe der Herrlichkeit Seiner Gnade, mit der Er uns in dem Geliebten begnadet hat.

In Ihm haben wir die Erlösung durch Sein Blut, die Vergebung der Übertretungen nach dem Reichtum Seiner Gnade, die Er reichlich über uns ergoss durch Mitteilung jeglicher Weisheit und Einsicht. Denn Er tat uns kund das Geheimnis Seines Willens, so wie es Ihm gefiel, so wie Er es sich vorgenommen hatte in Ihm, zur Verwirklichung der Fülle der Zeiten, nämlich das All in Christus wieder unter ein Haupt zu fassen, das Himmlische und das Irdische.

Ja, in Ihm sind wir auch zu Erben eingesetzt worden, die wir im Voraus auserwählt wurden nach dem Vorsatz dessen, der alles nach dem Entscheid Seines Willens wirkt. Wir sollten zum Lobpreis Seiner Herrlichkeit dienen, wir, die wir schon vorher unsere Hoffnung auf Christus gesetzt haben.

In Ihm seid auch ihr, nachdem ihr das Wort der Wahrheit, die Heilsbotschaft eurer Erlösung, vernommen und gläubig aufgenommen habt, in Ihm seid ihr mit dem Heiligen Geiste der Verheißung besiegelt worden. Er ist das Angeld unseres Erbes zur Erlösung Seines Eigentums, zum Lobpreis Seiner Herrlichkeit.

Epheser 1,3–14

Eines Sinnes

Gemeinschaft, Bußgottesdienst

Ihr alle schließlich, seid einträchtig, mitfühlend, brüderlich (geschwisterlich), barmherzig, demütig. Vergeltet nicht Böses mit Bösem oder Schmähung mit Schmähung. Im Gegenteil, segnet; denn dazu seid ihr berufen, damit ihr Segen erbt.

Denn wer das Leben lieben und gute Tage sehen will, der halte seine Zunge fern vom Bösen und seine Lippen von trügerischer Rede. Er wende sich vom Bösen ab und tue Gutes, er suche Frieden und jage ihm nach.

Denn die Augen des Herrn sind zugewandt den Gerechten und Seine Ohren ihrem Flehen; aber das Antlitz des Herrn wendet sich gegen die Übeltäter.

1 Petrus 3,8–12

ZYKLUS DES LEBENS

Mensch-Werdung

Schwangerschaft

Des Lebens Schöpfer segne euch,
da ihr den Auftrag angenommen,
zu mehren menschliches Geschlecht
und hüte, heg' die Leibesfrucht,
die, winzig klein wohl wachsend
wie die keimend' Saat,
schon jetzt erwählt,
ein Bild von Ihm*
– und von den Eltern auch –,
geliebt seit Morgenrot erscheint.

Er lasse wachsen, werden,
und schenke euch Vertrauen,
dass alles wohl gelingen kann
bis zu dem Tag, da
kleine Augen erstmals fragen:
Ist's Paradies endgültig zu,
der Cherub bleibt bei seinem Nein?**

Das schenke Gott,
der Leben mag – viel mehr
als alles andre in der Welt,
der Fülle gibt dazu
und lange Tage,
bis dass der Himmel neu entsteht.
Amen.

* Vgl. Genesis 1,27.

** Vgl. Genesis 3,24.

Auf der Welt

Geburtstag

Der gute Gott sei mit dir.
Er halte Seine Hand jetzt über dich,
am Tag, da deine Augen
zum ersten Mal das Licht gesehn,
den Mond bestaunt,
damit sie dich schütze
und du gewiss sein kannst:
    Er hat mich gewollt seit Anbeginn.
    Er liebt mich so, wie ich bin.
    Meinen Namen hat Er eingeschrieben
    in Sein Buch des Lebens.*

Er lasse dich wachsen und deinen Weg finden.
Er halte fern von dir alle,
die dich nach ihrem Bild formen wollen –
auch das Unvollkommene ist wertvoll
in Seinen Augen. ↗

* Vgl. Philipper 4,3.

Er gebe dir immer wieder die Kraft,
weiterzugehen in deine Zukunft.
Er lasse dich finden,
wonach du dich sehnst
und wohin Er dich ruft.
Er schenke dir Freude und Lust zu leben –
und begleite dich in Stunden der Angst
und Traurigkeit.

Das gewähre dir unser Gott,
der dich liebt: Gott der Vater,
Jesus der Sohn
und ihr heilender Lebensgeist.
Amen.

Geboren

Geburt, Taufe

Der gute Gott, Er segne dich:
der du gebildet aus den Elementen der Erde
und von Seinem göttlichen Atem belebt –
hineingelegt in die Hände
von Menschen.

Er lasse dich nie deine Wurzeln vergessen –
tief in Seinen Grund gelegt.
So wirst du immer eine Heimat haben
und dich nicht so leicht verlieren,
wenn Stürme des Lebens dich erschüttern.

Er segne das Wachsen deines Herzens
und lasse es weit werden
für eine Welt,
die oft eng und unbarmherzig ist
und auch den Unfrieden kennt.

Er lasse dich Freunde finden,
die mit dir Licht und Schatten teilen,
die mit dir barmherzig sind und gerecht,
damit du erfährst, wie das Leben gelingt. ↗

Er rette deine Zartheit
und schütze sie davor, zu zerbrechen
an der Härte des Lebens.

Er schenke dir das Brot,
das du täglich brauchst,
helfende Hände, die dich heilen,
und einen Engel, der dich begleitet
über die Brücken und in die Tiefen
des Lebens.

Er lasse dich Geschmack finden
am Wasser der Taufe
und an Seinem Wort,
uns erzählt von Jesus,
dem großartigen Menschen aus Nazaret.

Der menschenfreundliche Gott sei mit dir,
der dich liebt und dessen Name heißt:
Gott-mit-uns* –
an allen Tagen deines Lebens.**
Amen.

* Vgl. Exodus 3,14.

** Vgl. Matthäus 28,20.

Mit Wasser und Heiligem Geist

Taufe

Der Herr segne dich
und halte Seine Hand schützend über dein Leben,
da Er nun »Ja« gesagt zu deinem Sein.

Er lasse dich wachsen und blühen
inmitten Seiner Gemeinde
und schenke dir das Ansehen,
das du zum Werden brauchst.

Er lasse deine Augen all das bestaunen,
was Seine Hände einmal gebildet aus dem Nichts,*
und lasse deine Ohren lauschen auf Seine Botschaft
für uns Menschen.

Er lasse dich Vertrauen finden zu dir und zu Ihm,
der sich mit dir vermählt wie Braut mit Bräutigam,**
seit das Wasser der Taufe dein Haar benetzt hat.

Er lasse dich einen Weg finden durch diese Welt,
der dir gut tut.
Und Spuren, die du hinterlässt,
sie mögen Staunen finden
bei dem, der nach dir kommt.

Das gewähre dir der Gott der Menschen,
der dich gewollt seit Seiner Ewigkeit.
Amen.

* Vgl. Genesis 1,27.

** Vgl. Jesaja 62,5.

Auf eigenen Füßen

Firmung, Ausbildung

Steine im Weg –
und einen Fuß, der leicht darübergeht …

Nebel am Boden –
und zwei Augen,
die den Durchblick finden …

Tränen auf den Wangen –
und Hände, die sie trocknen …

Fragen nach der Zukunft –
und gute Freunde,
die mit dir Antwort suchen …

Fragen nach dem Wohin –
und Spuren, die weiterführen …

Suche nach Geborgenheit –
und ein guter Mensch, der zu dir hält …

Dies ist mein Segen, mein Wunsch für dich,
dir mitgegeben für den Weg, der vor dir liegt.

Es sei der Segen auch von dem,
der unbemerkt dir deinen Rücken stärkt:
der stille, unaufdringliche Quell des Lebens –
von uns Menschen Gott genannt,
von Jesus Christus Vater im Himmel,
uns nahe als guter Lebens-Geist.
Amen.

Älter

Hoher Geburtstag, Alter

Dein zartes Welken
mög' der segnen,
der auch dein Blühen
schon gewollt.

Den Weg im Alter
mög' der hüten,
der auch die Jugend
dir geschenkt.

Und »was« und »wie«
du gestern so gelebt,
es mög' dich stets begleiten:
das Gute, das dir und andern gut getan …
das Böse, das du nicht vergessen kannst
– auch das gehört zu dir –,
Er mög' es dir verzeih'n,
und du tu's auch!

Hab Mut zur Trauer
über Tage, die einst waren –
nur *nach* dem Abschied wird
neue Zukunft dir erfüllt,
wird Licht den Weg dir weisen:
weit nach vorn. ↗

Genieß die Fülle deines Lebens und
sei ein Segen denen, die dich fragen,
ob sich das Leben lohnt. –
Das wird der brauchen, der suchend
nach dem Sinn dich ruft.

Und wie du stets die Deinen hast genährt:
mit Arbeit und mit Brot,
so tust du's jetzt,
da wir dir gerne Gäste sind.

Gott senke Seinen Segen herab auf dich und uns
und rühre mit der Hand die Gaben an,
damit sie mehr sind als nur Speis' und Trank:
ein Zeichen dem, der an Ihn glaubt.
Amen.

Ja-Wort

Hochzeit

Der Herr segne euch und behüte euch:
Er hat eure Lebenswege zueinander
finden lassen.
Er gehe auch mit in das neue Land,
von dem ihr hofft,
es sei gelobtes Land:
Ja, es sei reich an Liebe.

Er gebe euch viel Phantasie,
eure Wege immer wieder einswerden zu lassen
und zu erfahren,
was euch glücklich macht.

Er gebe euch den Mut,
aufzubrechen und neu anzufangen,
wenn Unfriede die Liebe vertreibt
und eure Ehe zur Fessel wird.
Dann möge euch Gott versöhnen –
hinein in die Weite des Lebens,*
in den großen Atem Seiner Liebe.

Er schenke euch das tägliche Brot,
das ihr zum Leben braucht,
und den Hunger nach Seinem Wort.

Er schenke euch Freunde,
die euer Leben begleiten,
sich mit euch freuen und mit euch leiden,
damit ihr erfahren könnt: ↗

Gott geht wirklich mit uns,
menschlich ist Sein Angesicht.

Wenn ihr müde seid von der Härte der Tage,
so lasse Er euch neue Kraft finden bei Ihm
und Geborgenheit beieinander.
So mögen Wunden und Kränkungen heilen
und Tränen wirken wie Regen
für neue Hoffnung.

Am Ende eurer Tage lade der Herr euch ein,
mit Ihm Hochzeit zu feiern in Seinem Reich.**
Und dem, der zurückbleiben muss,
schenke Er neuen Lebenssinn und Trost,
bis auch er das Leben in Fülle erreicht,
das allen versprochen ist.

Das gewähre euch der liebende Gott,
der den Menschen als Mann und Frau
geschaffen hat
und nichts mehr will
als unser aller Glück und Heil:
der Gott des Lebens,
der Sohn der Liebe, Jesus Christus,
und der Geist der Freude aus Gott.
Amen.

* Vgl. Psalm 31,9.

** Vgl. Offenbarung 19,7.

Für dieses Paar

Nichtkirchliche Hochzeit

Feuer* euch gewährt: von uns, von dem, der's einst gewollt!

Feuer … mög' es glühen … mög' es wärmen.
wenn Kälte nur im Haus,
kein gutes Wort mehr dort zu hören.
Feuer … mög' es lodern … mög' es brennen,
wenn Hoffnung sehr vonnöten,
ein Funke dringend wird gebraucht.
Feuer … mög's verzehren … mög's vernichten,
wenn im Vergessen Segen liegt,
Altes muss dem Neuen weichen

Erde euch gewährt: von uns, von dem, der's einst gewollt!

Erde … mög' sie ruhen … mög' sie schweigen,
wenn Terror, Hetze, Chaos überall im Land,
keiner findet seinen Schlaf.
Erde … mög' sie umhüllen … mög' sie schützen,
wenn Heimat irgendwann gebraucht,
nirgendwo gibt jemand Halt.
Erde … mög' sie gewähren … mög' sie gebären,
wenn die Dinge längst verbraucht,
ihre Zeit ist nun vorbei.

Wasser euch gewährt: von uns, von dem, der's einst gewollt!

Wasser … mög' es rinnen … mög' es fließen,
wenn nichts mehr weiterläuft,
Treten auf der Stelle angesagt. ↗

Wasser …	mög' es tropfen … mög' es nässen, wenn Lippen trocken – doch seit Tagen, Zunge hängt schon aus dem Hals.
Wasser …	mög' es sprudeln … mög' es springen, wenn grauer Alltag Buntheit hemmt, Gähnen macht sich breit.

Luft euch gewährt: von uns, von dem, der's einst gewollt!

Luft …	mög' sie toben … mög' sie wirbeln, wenn Müdigkeit das Leben lähmt, kein Plan mehr für das Morgen da.
Luft …	mög' sie erfrischen … mög' sie kühlen, wenn das Leben gar zu heiß, Finger arg verbrannt.
Luft …	mög' sie wehen … mög' sie streicheln, wenn Zeiten harte Spuren hinterlassen, Gesichter werden Stein.

Der euch und uns die Elemente schenkte,
schenke euch auch Zeit und Raum,
darin zu leben
und gemeinsam zu wachsen,
euch und uns zum Segen.

* Gäste überreichen nacheinander Schalen mit Feuer (Kerzen), Wasser, Erde und Luft (Federn).

Noch immer

Ehejubiläum

Der Herr segne euch und behüte euch.
Er hat eure Wege zusammengeführt
vor langer Zeit.
25 (50) Jahre währt nun euer
– miteinander Gehen,
– zueinander Finden,
– Gemeinschaft Leben.
Es war ein langer Weg
mit Freude und Vertrauen –
wohl auch mit Mühe und mit Not.

Nun, in Erinnerung an die vergangenen Jahre
bitten wir Gott um Seinen Segen für euch:
Er schenke euch heute von Seinem Frieden
und Seiner heiteren Gelassenheit.
Er gebe euch ein versöhntes Herz,
wenn ihr zurückdenkt
an die Mühsal vergangener Tage.

Er schenke euch Frieden
mit euren Kindern (und Enkeln)
und lasse euch Freude spüren über das,
was ihr gesät habt,
und gebe euch ein weises Herz,
das loslassen kann. ↗

Er versöhne euch
mit den Enttäuschungen eures Lebens
und mit dem, was ihr schuldig geblieben seid,
euch selbst und vielen anderen –
trotz allen guten Willens.
Und was ihr nicht mehr ändern könnt,
das möge Er zum Besten wenden.

Er gebe euch ein großes Maß
an Freude und Geduld
für die späten Jahre eures Lebens:
Zeiten voll von Reife.*

Das gewähre euch der Gott,
der wohnt, wo man Ihn einlässt –
der mit euch geht heute und alle Tage –
bis über den Tod hinaus ins neue Leben.
Amen.

* *Bei Goldener Hochzeit und späteren hinzufügen:*
Dann könnt ihr mit Ihm gehen,
wenn der Engel des Todes
an eure Türe klopft.
Ein neues Leben
dürft ihr dann beginnen
und bei Ihm sein,
dem Ziel unseres Lebens.

Ganz allein

Trennung, Scheidung

Verlass'ne(r) du – doch nicht von Ihm,
der ganz in deiner Nähe
und dessen Ohr dem Klagelied nicht taub.

Er rühr' an deine Zunge
– bitt're Trennung sie noch lähmt –
und helfe ihr zu reden von allem,
was dir jetzt geschah:
dass du allein – gerissen Fleisch von Fleisch –
verlassen
 – von dem Mann, der seine Hand in deine einst gelegt
 – von der Frau, die ihre Hand in deine einst gelegt
und Zukunft gern mit dir geplant.

Den Ort lass' Er dich finden,
wo deine Seele schreit, der Leib erzittert,
bis dass der Schlaf dich überfällt wie Adam,
dem dann Hilfe ward.*
Das mög' auch dir geschehen,
du, Gottes Bild wie er/sie …**
Und Schuld, wenn sie dich drückt,
sei dir vergeben. ↗

* Vgl. Genesis 2,21.

** Vgl. Genesis 1,27.

Des Höchsten Engel-Flügel –
sie lasse Er dich spüren, der solchem Wesen einst geboten,
des Menschen Hüter – vor allem in der Not – zu sein.*

Der Trennung Wunde, auch ihr Weh,
sie sollen heilen wie von selbst
mehr noch durch den, der Löser gar genannt.**

Das tue Gott an dir
der selbst geschieden einst
– das Dunkel von dem Licht***
– den Himmel von der Erde
– das Gestern von dem Morgen.
Amen.

* Vgl. Psalm 34,8.

** Vgl. Hiob 19,25.

*** Vgl. Genesis 1,4.

Auseinander gelebt

Scheidung, Trennung, Abschied

Der Herr, der das Dunkle
und das Gute sieht,
segne euch und behüte euch,
da eure Wege sich nun trennen.

Er gebe euch die Kraft,
allein weiterzugehen
und Seiner Botschaft zu trauen,
dass Er bedingungslos liebt
und vergibt,
wenn wir einander vergeben.*

Er lasse euch Menschen finden,
die euch nahe sind,
wenn ihr nach Nähe sucht,
die eure Tränen sehen,
wenn Trauer euch erfüllt.

Er lasse euch Menschen finden,
die euch zuhören,
wenn euer Herz voll ist von dem,
was schmerzt,
und euch zugeneigt bleiben,
wenn ihr ratlos seid. ↗

* Vgl. Lukas 6,37.

Er heile die Wunde der Trennung,
und ihre Narben mögen euch nicht bitter machen
noch der Rache Raum gewähren.

Er schenke euch die Erinnerung
an gute Tage,
damit die Sehnsucht bleibt
nach dem Ort ihrer Erfüllung –
tief in euch selbst.

Das gewähre euch der Gott,
der den Himmel verlassen hat
und die Erde liebt:
Gott Vater,
Gott Sohn,
Gott Heiliger Geist.
Amen.

Nein-Wort

Scheidung, Trennung

Gott sei bei dir
der/die still des Weges geht – dazu allein,
getrennt von dem/der, der/die einst versprochen:
Ja, ich gehe mit …

Nun sei doch Er dir Weggefährte
und lasse Nähe von Ihm fühlen, spüren,
da wund die Seele, weh sogar der Leib.

Und gebe dir Geleit beim Gehn
durch finstre Schlucht, durch wüste Zeit,*
damit dein Fuß nicht lahmt,
dein Ziel du nicht vergisst.

Der Abschied möge dir gelingen,
das Öl, der Wein die Wunden heilen,
die Bitterkeit der Süße wieder weichen.

Und wenn Vergangnes weiter rückt in Ferne,
dann führe Er die Hand,
wenn neue Pläne sich abzeichnen.

So wird das Böse doch noch gut,
die Wüste wieder Wasser geben,
am Tag, den Er schon kennt,
den du erwartest.
Amen.

* Vgl. Psalm 23,4.

Liebe neu geworden

Neue Partnerschaft

Der Gott, der Anfang neu geschenkt euch beiden
– wundbedeckt noch von dem Weg,
der steinig und dem Tode näher als dem Leben:

Von altem Schmerz Er heile
und lasse Lust jetzt finden aneinander,
da Liebe neu geworben, auch geworden.

Mit auf den Weg send' Er die Engel,*
die hüten, halten – auch zurück –
vor allem aber Ihn,
der auch den Weg nach Emmaus nicht gescheut.

So mög' das Glück, auf das ihr hofft,
auch werden – die Nacht erträglicher
als ganz allein,
das Du des Andern göttlich strahlen.

So segne Gott, der Liebe ist und nicht Gesetz,
euch beide
und setze g'rad im Regen seinen Bogen,**
damit ihr glaubt: So wird es gut
durch Ihn, den Vater,
Ihn, den Sohn
und Ihn, den Geist.
Amen.

* Vgl. Psalm 91,11.

** Vgl. Genesis 9,13.

Eigene Wege

Abschied, Aufbruch

Der Herr segne euch und behüte euch.
Er gehe mit euch und mit mir, jetzt, da
sich die Wege trennen …
Und lasse jeden finden das Land, in dem
sich's leben lässt.

Die Erinnerung an schöne Tage – sie halte Er uns wach,
damit wir mutig sind für morgen und nie vergessen:
Der Himmel ist doch mitten unter uns;
so hat es der gelehrt,
der selbst auf Erden weiterging.

Er lasse uns wieder zusammenfinden am Ende der Tage,
wenn Er kommt zu euch und zu mir.
Dann wird Er uns an den Tisch geleiten,
den Er gedeckt für alle, die da je gelebt.

Bis dahin gewähre Tage Er voll Leben:
der Vater, der im Himmel wacht,
der Sohn, der stets an uns gedacht,
der Geist, der heute alles neu gemacht.
Amen.

Lösung?

Austritt aus der Kirche

Der Gott aller Menschen segne dich
und gehe mit dir deinen Weg.
Er begleite dich,
wenn du Seine Kirche verlässt,
die für dich nicht mehr Heimat sein kann,
die dir zu eng und unverständlich erscheint.

Er gehe mit dir
und segne deine Hoffnung,
neue Weite zu finden,
wie es gewagt einst Männer,
Fischer vom See Gennesaret.*

In Tagen des Kummers und Leids
lasse Er dich Quellen des Trostes entdecken
und Menschen, die von Ihm erzählen
in einer Sprache, die dir nahe ist
und dein Herz erreicht.

Das gewähre dir der Gott,
der überall wohnt,
wo Menschen Güte und Liebe leben –
und der größer ist, als wir zu ahnen vermögen:
für uns ein Vater,
mit uns ein Bruder,
in uns Heiliger Geist.
Amen.

* Vgl. Lukas 5,11.

Wieder daheim

Wiedereintritt in die Kirche

Er, der dich gewollt wie der Sonne Feuer dort am Himmel,
der schon sein Bild gemalt von dir, eh' Eltern dich gedacht:

Er segne dich – nun heimgekehrt zum Schoß der Mutter Kirche,
die du gemieden, weil's deiner Werdung wohlgetan.
Der Weg, den du zurückgelegt, die Steine, die deinem Fuß entgegen
sich gestellt – nichts war umsonst – sie mögen nie vergessen sein.

Die Wunder, die du dort erfahren, sie ließen dich entdecken,
dass Erde – bös' und gut – doch deines Schöpfers Händewerk.

Er möge liebend dich umwerben mit dem,
was »Gnade« Menschensprache
nennt, wenn du erneut nach Seinen Sternen suchst.

Doch jetzt soll Er dir scheinen am Tag, besonders in der Nacht,
und dich ansehen so, dass du auch Ansehen erlangst bei dir,
bei Ihm … bei denen auch, die dir nun wieder Bruder
   oder Schwester sind.
Im Kreise derer, die sich schon jetzt »Erlöste« nennen – von wem,
von was auch immer –, sei dir dein Stuhl bereit am Tisch,
den Er gefüllt mit Brot, mit Wein. ↗

Und für das Fest am Ende – stets schwärmt davon die Schrift –
mög schon die Einladung von Ihm geschrieben, von dem, der selber
sich entwickelt seit jenem großen Wort: Es werde! *

Der Vater segne dich –
    Er tat's schon immer.
Der Sohn, er gehe mit –
    Er war doch gestern schon dabei.
Der Geist belebe dich ganz neu –
    Er will's doch gar nicht anders.
Amen.

* Vgl. Genesis 1,3.

KRISENZEITEN

Ausgebrannt

Krisenzeit, Kreuzweg, Karfreitag

Für dich –
deine Hoffnung, deine Kraft sind am Ende:
Am dunklen Himmel leuchtet ein Stern!

Für dich –
du siehst keine Zukunft mehr:
Die Wolken ziehen weiter!

Für dich –
du spürst keine Liebe mehr,
voll Trauer ist dein Herz:
Das Kreuz ist aufgerichtet,
Johannes hält Maria im Arm!

Für dich –
du hast das Gefühl, dass alles umsonst war:
Josef, der Freund, sucht für Jesus ein Grab,
es wird Ihn nicht halten.

Wider-Sprüche vom Gott des Lebens
gegen den Tod –
Funken der Hoffnung –
Zeichen Seiner Nähe und Segen für dich
in dieser dunklen Stunde.
Amen.

Krankensegen

Krankenbesuch

Der Herr des Lebens segne dich
und heile dich.
In deiner Krankheit stehe Er dir bei.

Er richte dich auf,
und – wenn die Zeit
dafür reif ist –
lasse Er deinen Leib gesunden.

Deiner Seele schenke Er Vertrauen und Ruhe.

Er gebe dir, wenn du es brauchst,
den Mut, auszuruhen von der Unruhe
des Lebens,
so lange, wie es dir gut tut.

Er gebe dir zur rechten Zeit
die Kraft, wieder aufzustehen
und dich dem Leben zuzuwenden,
das dir vielleicht zu hart erschien. ↗

Er lasse dich die Wurzel
und den Sinn deiner Krankheit sehen
und helfe dir, ihre Botschaft zu erkennen.

Er gebe dir ein gutes Gefühl für dich selbst,
dass du rechtzeitig spürst,
was dir an die Nieren geht,
was dir auf den Magen schlägt
oder den Atem nimmt.

Denn Er liebt nicht deine Not
sondern dein Wohlergehen.

Das gewähre dir der Gott,
der das Leben geschaffen
und dessen Sohn die Kranken geheilt hat:
Ja, Er segne dich.
Amen.

Hände halten

Allein erziehende(r) Mutter/Vater

Im Wind, der leise dich umhüllt,
dort mögest du Ihn spüren,*
nach dessen Hilfe dich verlangt.

Und wie Er Mose einst gerettet
aus Not, die suchen lässt und finden,**
so führe Er dein Auge,
damit es Hände sieht, die gerne halten:
nicht nur dein Kind – auch dich,
die/der oft so ganz allein.

Er tröste – gebe Kraft sogar,
den Israel als »starken Gott« erlebt,***
gerade jetzt, wenn das Leben
scheint gegen den Strom zu schwimmen.
Doch nur so wird eine Quelle für dich fließen. ↗

* Vgl. 1 Könige 19,12.

** Vgl. Exodus 2,1 ff.

*** Vgl. Psalm 43,2.

Und wie der Abend schon
um einen neuen Morgen weiß,
wie die Ebbe Raum gewährt
der frischen Flut,
so möge dir geschehen,
damit Mut dein Leben füllt.

Sein Segen sei dir gegeben,
Sein Wort, dass Gutes wird bei euch
und Zukunft schon im Werden ist,
durch diesen Gott,
der gern dein Vater ist,
auch ein Bruder
und ein heilender Geist.
Amen.

Abgrundtief

Krise, Trauer

Der Herr segne dich
und stehe dir bei in deiner Not.
Er überlasse dich nicht
dem Abgrund der Hoffnungslosigkeit,
an dessen Rand deine Füße stehen.
Er sei dein Schutz und dein Halt,
wenn du die Enge der Verzweiflung spürst.

Er halte Seine sanften Hände über dir,
der Hüter Israels und aller,*
die Ihm vertrauen.
Er führe dich durch den Tunnel
der Dunkelheit
ins Licht neuer Hoffnung.

Deinen wankenden Fuß,
der nicht weiß,
ob es nächste Schritte gibt,
lasse Er wieder guten Boden spüren –
so wie in der Mitte der Nacht
der neue Tag beginnt. ↗

* Vgl. Psalm 121,4.

Er lenke deinen Blick auf die Weite
des Himmels,
die uns ahnen lässt Seine Größe und Weisheit
und die Vielzahl Seiner Wege.
Sie wollen uns in die Freiheit führen
und in den Trost.

Das gewähre dir unser Gott
und Jesus, der Sohn,
dessen Kreuz Ausweglosigkeit hieß
und den der Vater zum Leben befreite:
zum Bruder aller Menschen,
im Geist des Lebens und der Liebe.
Amen.

Am Ende

Krisenzeit, Not

Der Herr segne dich
und stehe dir bei in deiner Not.
Er lasse dich nicht in den Abgrund fallen,
an dessen Rand deine Füße schon stehen,
und fange dich auf,
wenn du dich selber nicht mehr halten kannst.

Er trage dich auf Händen
wie ein verletztes Lamm –
Hüter Israels ist sein Name* von Geschlecht zu Geschlecht –
und zeige dir im Traum Auswege,
die du wirklich gehen kannst.

Er lasse dich wieder auf den Boden kommen
und deine Füße ihren Rhythmus finden.
So wirst du probieren,
wie es weitergehen kann mit dir.
Denn auch die Sonne bleibt nicht stehen im Zenit.
Kreislauf ist die Regel, die Er allem mitgegeben. ↗

* Vgl. Psalm 121,4.

Er lenke deine Augen auf den weiten Horizont,
damit nicht Enge dich festhält,
sondern der Himmel davon erzählt, dass Leben mehr Wege kennt,
als dein Verstand dich lehrt.

Das gewähre dir der Gott,
dessen Sohn am Kreuze ausweglos geendet
und doch lebend davongekommen:
der Vater Jesu Christi,
der Bruder aller Menschen,
der Geist des Lebens.
Amen.

Wunde Seele

Versöhnung, nach einem Konflikt

Der Herr segne uns
und lasse unseren Schmerz sich lösen.

Er heile unsere Wunden –
und schenke uns Kraft, uns zu verzeihen.

Er lasse uns die Einsicht verspüren,
wie gut und hilfreich es ist,
mehr Raum und Worte dem zu geben,
was bisher verborgen und
unausgesprochen war unter uns.

Er gebe uns zur rechten Zeit ein Zeichen,
wenn Hände sich zur Faust verschließen
und der Verständigung sich versagen wollen. ↗

Er lasse uns neu Sein Erbarmen
und Seine Liebe spüren –
und das, was an Narben zurückbleibt,
möge unserem Glanz nicht schaden,
bis wir alle einmal auferstehen
mit verklärten Wunden,
wie mit Ihm selbst geschehen an jenem Tag,
nach Seinem Wort der Liebe:
»Vater, vergib ihnen.«*

Das gewähre uns der Gott,
der die Versöhnung liebt
und mehr noch Seinen Frieden.
Amen.

* Vgl. Lukas 23,34.

Schuld-Vergebung

Buße, Friedensgebet

Unser barmherziger, friedenstiftender Gott,
lass uns sehen und spüren:
einen Menschen, der offen ist
für Verstehen und Vergebung,
wenn wir uns schuldig fühlen –
und nicht zum Feind wird in der Nähe …

einen Blick, der uns versteht und bejaht –
keine Anklage …

einen Ausweg, den wir gehen können –
keine Sackgasse …

eine Hand, die uns tröstet und heilt –
keinen Schlag ins Gesicht …

ein Ohr, das uns zuhört –
kein Redeverbot …

ein Herz, das uns freispricht –
kein Lebenslänglich …

Das gewähre uns Gott,
der dem Verlorenen nachgeht,
dem Einsamen nahe ist
und den Bedrückten entlastet:
der Vater, der Sohn und der Heilige Geist.
Amen.

Bruderzwist

Streit

Seit Trennung gottgewollt
die Schöpfung heimgesucht
    von Tag und Nacht
    von hier und dort*
kennt die Welt das Unterscheiden,
leidet sie am Anderssein.

Jetzt, da ihr selbst davon betroffen
– dem Streit so nah wie Kain und Abel** –
lass' der Herr und Mittler Eure Hände zueinander finden,
vielleicht sogar das Herz.

Und wenn euch dies noch nicht gelingt,
wenn jener Tag des Friedens noch ganz weit,
dann lasse Er den einen dorthin gehen,
den andern aber hier jetzt bleiben,
wie einst sich Abraham von Lot getrennt,***
damit ein jeder wachsen kann auf seine Art.

Und wie der Weg auch wird,
er möge glücklich enden,
begleitet sein vom Segen dessen,
der jeden anders hat gewollt,
der selbst verschieden in sich selbst, *ein* Gott,
doch Vater, Sohn, auch Geist zugleich. Amen.

* Vgl. Genesis 1,1 ff.

** Vgl. Genesis 4,1 ff.

*** Vgl. Genesis 13,1–11.

STERBEN UND TOD

Tot geboren

Tot geborenes Kind

Gott: Segne diesen Leib –
noch in der Knospe schon zurückgefordert –
der für das Blühen war gewollt.

Und lass ihn wohl geborgen sein im Schoß der Erde,
ihn, der nur den Mutterleib gekannt –
das Aug' des Vaters nie gesehen.

Ach staunen möge (Name),
der/die jetzt im Kreis der Engel,
wie hell Dein Licht, wie liebevoll Dein Atem wirkt.

Du still' auch seinen/ihren Hunger, Herr,
nach Mutters Milch und Vaters Hand.

Das wünschen wir für ihn/sie, den/die wir noch lange missen,
den/die uns're Tränen baden,
und Antwort auch für uns,
die »lieb« in diesen Tagen Dich nicht nennen.

Jetzt heile uns're wunde Seele – Nacht für Nacht im Traum –
damit wir neu Vertrauen finden zu der Schöpfung
– voll Geheimnis … mehr als fremd für Menschengeist.

Das soll so sein am Tag,
da Liebes wird begraben – doch nicht der Hoffnung Funke.

Du Vater, sei dem toten Kinde gut.
Du Sohn, gabst auch für ihn/sie Dein Blut.
Du Geist, belebe den/die, der/die neu hier ruht.
Amen.

Abschied vom Leben

Sterbestunde, Sterbesakramente

Der Herr segne dich und behüte dich –
Er begleite dich in Sein grenzenloses Land,
das denen versprochen ist, die Ihm vertrauen.

Er sei dein Trost und dein Ziel,
wenn dein Wunsch zu leben
sich an der dunklen Grenze des Todes stößt –
Er gebe dir das hoffende Vertrauen:
Du kannst dich fallen lassen
in Seine sanften Hände.*
Er mache dir den Abschied leicht.

Sein Wort sei dein Halt,
wenn du keinen Boden mehr spürst,
der dich trägt.
Er schenke dir die Gewissheit,
dass ein neues Ufer wartet,
an dem Er dir entgegenkommt,
Jahwe doch sein Name, Gott-mit-dir.** ↗

* Vgl. Psalm 16.

** Vgl. Exodus 3,14.

Er schicke dir Seinen Engel,
Sein reines Licht, das dich geleitet
in das Reich ohne Raum und Zeit,
wenn dein Leib das Ende seines Weges erreicht
und deine Seele sich dem Tor nähert,
das Tote und Lebende voneinander trennt.

Das gewähre dir der Gott,
der Grenzen setzt und Grenzen sprengt.
Amen.

Übergang

Sterbestunde, Sterbesakramente

Der Herr segne dich
und erwarte dich dort
am Ufer des Lebens im Licht –
jetzt, da der Tod alles Irdischen
an deine Türe klopft
und dich herausruft aus dem Land,
das dich ernährt,
aus dem Kreis der Menschen,
mit denen du gelebt hast.

Er mache dir den Abschied leicht
und schicke dir Seinen Engel entgegen,
der dich begleitet
durch das unbekannte Tor des Todes
und der dich führt in das verheißene Land,
wo die Sonne nicht mehr untergeht.

Er erlöse dich von der Angst,
ins Leere zu fallen –
und schenke dir die Freude,
dass du Ihn schaust,
der all deine Schuld vergibt
und deine Wunden heilt,
die Wunden der Angst und
nicht erfahrener Liebe,
die Wunden des Schmerzes und
des nicht Gelungenen. ↗

Er zeige dir deine wahre Heimat* –
und lasse dich glücklich sein
in Seinem Himmel –
Ihm nahe und denen all,
die vor dir gelebt haben.

Das gewähre dir der Gott des Lebens,
der dem Tod die Macht genommen
und sich jetzt freut auf dich:
der Vater, der Sohn, der Heilige Geist.
Amen.

* Vgl. Philipper 3,20.

Gestorben

Beerdigung, Trauerfeier, Totenwache

Der Herr segne dich
und berge dich im Schatten Seiner Flügel,*
jetzt, da der Tod dich weggerufen
aus dem Land, das dich ernährt,
aus dem Kreis der Menschen,
mit denen du gelebt.

Er schicke dir seinen Engel entgegen,
damit du auch den Weg findest durch die
Nacht des Todes
und sicher ankommst in Seinem Land,
da, wo die Sonne nicht mehr untergeht.

Er lasse dich nicht ins Leere fallen,
sondern in Seine Hände.
Sie mögen all deine Schuld heilen
und deine Wunden verklären,
die du mit dir trägst,
seit den Tagen deiner verletzten Kindheit. ↗

* Vgl. Psalm 17,8.

Er zeige dir deine neue Heimat,
für dich bereitet seit der Stunde, in der
du geboren,*
und lasse dich glücklich werden
in Seinem Himmel, nahe bei Ihm
und bei all denen, die vor dir gelebt.

Das gewähre dir der Gott des Lebens,
der dem Tod die Macht genommen
und der Sehnsucht hatte nach dir.

* Vgl. Johannes 14,3.

Staub geworden

Trauerfeier im Krematorium, Urnenbegräbnis

Der Adam schuf
aus Lehm, und leicht
aus Erde ihn gebildet:*

Er hüte diese Asche,
Leib gewesen – Gottes Ebenbild sogar –
und lass' sie nicht aus Seinen Augen
bis zu dem Tag,
da Engel rufen zum Gericht,
da Lebensodem Gräber sucht und findet.**

Damit Versprochenes gelingt,
geb' Er den Segen jetzt und dann.
So werden Gräber offen,
aus Staub der neue Mensch,
die Wüste wieder blühen.

Das gebe Gott, der's so gewollt,
der Menschen Vater, Bruder
und ihr Tröster-Geist.
Amen.

* Vgl. Genesis 2,4.

** Vgl. Ezechiel 37,9.

Tot

Totengebet, Beerdigung

Der Herr segne den Leib
des/der Verstorbenen –
tot für das Leben in unserer Welt.

Er lasse ihn ruhen im Schoß Seiner Erde
und Frieden finden im Kreislauf
alles Geschaffenen,
ja neue Wurzeln schlagen für die Ewigkeit.

Er lasse ihn/sie wieder aufblühen,
der Rose gleich,
wenn Seine Stimme danach ruft.

Er tröste uns und
stärke unseren Glauben
an die Auferstehung,
an diesen Tag, der sicher kommt.*

Das gewähre Gott,
der das Leben liebt über alle Maßen:
der Vater, der alles geschaffen,
der Sohn, der durch den Tod gegangen,
der Geist, der alles lebendig macht.
Amen.

* Vgl. Zefanja 1,14.

Hinterblieben

Trauernde

Ihr, die trauernd hinterblieben,
höret Jesu Wort,
dass Trost euch werde
von dem, der Leben liebt,
den Tod nicht mag,
der fest versprochen:
Die Wohnung steht bereit,*
der Tisch ist schon gedeckt
für den/die, der/die jetzt begraben und
für euch, die weinend Schalen suchen für die Tränen.

Windeshauch treib' euren Schmerz davon,
wie dort bei dunkler Wolke schon geschehn.

So geht den Weg in eine Zukunft,
die nicht grau – an deren Ende Licht,
das ihm/ihr schon leuchtet,
uns noch nicht.

So segne, heile euch der Vater
auch der Sohn, der selbst gestorben
und der Tröster-Geist.
Amen.

* Vgl. Johannes 14,2.

REGISTER

Verzeichnis der Bibelstellen und biblischen Verweise

Genesis 1,1 ff 141
Genesis 1,3 44, 127
Genesis 1,4 119
Genesis 1,26–28a 73
Genesis 1,27 103, 108, 118
Genesis 2,4 150
Genesis 2,7 28
Genesis 2,21 118
Genesis 3,24 30, 103
Genesis 4,1 ff 141
Genesis 9,13 71, 123
Genesis 12,1–9 74
Genesis 13,1–11 141
Genesis 27,1–40 75
Genesis 27,41–45 77
Genesis 32,26 8
Exodus 2,1 ff 132
Exodus 2,23 61
Exodus 3 82
Exodus 3,14 8, 71, 107, 144
Exodus 32,4 26
1 Könige 19,12 71, 132
Hiob 19,25 119
Psalm 16 144
Psalm 17,8 148
Psalm 23,4 122
Psalm 25 78
Psalm 31 80
Psalm 31,9 112
Psalm 34,8 119
Psalm 43,2 132
Psalm 67 87
Psalm 90,4 22
Psalm 91,11 123
Psalm 112 88
Psalm 121 89
Psalm 121,4 134, 136
Psalm 128 94
Sprichwörter 2,1–21 90
Sprichwörter 3,1–32 92
Kohelet 3,2 41
Jesaja 25,6 37
Jesaja 44 83
Jesaja 46,4 58
Jesaja 51,1–16 84
Jesaja 55,6–13 86
Jesaja 59,20 11
Jesaja 61,1–11 95
Jesaja 62,5 108
Ezechiel 3,14 40
Ezechiel 37,8 45
Ezechiel 37,9 150
Hosea 2,14 ff 26
Zefanja 1,14 151

Matthäus 2,2 13
Matthäus 4,10 27
Matthäus 5,14 25
Matthäus 5,45 38
Matthäus 7,1 38
Matthäus 13,30 20
Matthäus 25,14 ff 56
Matthäus 25,6 25
Matthäus 28,20 8, 20, 107
Markus 10,13 57
Markus 10,13–16 96
Lukas 2,7 56
Lukas 2,12 71
Lukas 2,25–35 97
Lukas 5,11 125
Lukas 6,20–23 98
Lukas 6,37 120
Lukas 23,34 139
Johannes 6,35 33
Johannes 10,10 27, 29
Johannes 11,43 32
Johannes 14,2 152
Johannes 14,3 149
Apostelgeschichte 3,26 8
Römer 12,9–21 99
1 Korinther 12,27 34, 35
Epheser 1,3–14 100
Philipper 3,20 147
Philipper 4,3 104
1 Petrus 3,8–12 101
Offenbarung 19,7 113
Offenbarung 21,2 45

Verzeichnis der Anlässe und Stichworte

Abend 66, 67
Abschied 52, 97, 118, 120, 122, 124, 134, 136
Abschied aus eigener Wohnung 110
Advent 11, 18
Agape 60
Allein erziehend 132
Alleinsein 118
Allerseelen 45, 150, 152
Altarweihe 37
Altenheim 110
Alter 74, 75, 97, 104, 110, 130
Andachtsgegenstand 71
Anfang 20, 21, 61, 74, 82, 90, 95, 101
Angst 14, 30, 83, 130
Armut 98
Aschenweihe 28
Aschermittwoch 28
Aufbruch 61, 62, 82, 124
Auferstehung 30, 31
Aufgabe 90
Ausbildungsbeginn 109
Ausland 62
Ausländer 48, 101
Aussaat 38, 42, 68, 83
Austritt aus der Kirche 125
Ausweg 15, 26
Auszug 110, 122
Auszug aus dem Elternhaus 52, 109
Beauftragung 50
Beerdigung 31, 45, 98, 148, 150, 151, 152
Bekenntnis 78
Beruf 90
Betrug 75
Beziehungskrise, -ende 118, 120, 122, 141
Bitte 87
Brot 60
Buße 26, 28, 61, 78, 84, 99, 101, 140
Caritashelfer 50
Christi Himmelfahrt 30
Christkönig 18, 30, 48
Christmette 12, 13, 14, 15, 16, 17, 18, 19
Dank 47, 67, 87
Depression 80, 82, 86, 89, 98, 134, 136
Devotionalien 71
Dienst 50, 90
Dienstjubiläum 53
Dorf 54
Dreikönig 24
Dritte Welt 40, 48
Ehe 73, 112, 116, 123
Ehejubiläum 116
Ehrenamt 50, 90
Einäscherung 150
Einkehrtag 36
Einsamkeit 118, 122, 124
Einweihung 56
Eltern 103, 132
Enttäuschung 75
Erbarmen 66, 88, 95
Erlösung 14, 83, 100, 138, 140
Ermutigung 83
Erntedank 38, 40, 42, 44
Erstgeburtssegen 75
Erstkommunion 33, 34, 35, 108
Essen 60
Exerzitien 36
Familientreffen 47
Fastenzeit 26, 28, 78, 140
Feldersegen 38, 68, 83
Fest 47
Firmung 36, 61, 83, 90, 108, 109
Fragen 86
Franziskus 42, 69, 70
Frau 94
Freiheit 26, 61, 82
Fremde 48, 101
Freude 47, 95

Freunde 48
Freundschaft 114, 116, 124
Friede 95, 101, 140
Frühjahr 38
Frühschicht 64, 88
Fülle 40, 47, 100
Garten, Gärtnerei 38
Gebäude 54, 55, 56, 58
Geborgenheit 12, 64, 83, 104
Geburt 73, 75, 96, 106
Geburtstag 94, 104, 110
Geist 36, 83, 108, 109
Gelingen 38
Gemeinde 99
Gemeindefest 47, 99
Gemeinschaft 34, 35, 47, 54, 55, 60, 95, 99, 101, 138
Gerechtigkeit 90, 95
Globalisierung 48
Goldhochzeit 116
Gottesferne 86, 136
Gottesfurcht 88, 94
Gräbersegnung 45
Grundschule 56
Grundsteinlegung 58
Gruppe 38
Gruppenleiter 50
Haus(einweihung, -segen) 24, 52, 54, 55, 58
Heiligenbild 71
Heiliger Geist 36, 83, 108, 109
Heimat 12, 58
Herbst 40
Hilflosigkeit 80
Hochzeit 73, 112, 114, 123
Hochzeitstag 116
Hoffnung 11, 13, 19, 26, 29, 32, 66, 75, 84, 86, 88, 89, 92, 94, 95, 97, 99, 100, 130
Hoffnungslosigkeit 129
Hunger 40
Jugend 61, 90, 108, 109, 124
Karfreitag 129
Kerzenweihe 25, 71, 97
Kind, Kinder 33, 34, 35, 69, 70, 83, 96, 97, 103, 106, 108, 132
Kindergarten 56, 69, 70, 96
Kindergottesdienst 33, 35
Kindstod 143
Kirchenaustritt 125
Kircheneintritt 36, 126
Kirchenjahresende 18
Kirchweih 37, 47, 99
Klassenfahrt 62
Kommunion 33, 34, 35
Kommunionhelfer 50
Konfirmation 36, 61, 83, 90, 108, 109
Kranke Mutter 103
Krankes Kind 103
Krankheit 28, 80, 89, 98, 130
Kräutersegen 38
Krematorium 150
Kreuzweg 129, 134
Krise 26, 61, 75, 80, 82, 86, 89, 90, 92, 98, 129, 136, 140
Kruzifix 71
Laudes 64, 88
Leben 26, 32, 40, 42, 64, 104
Licht 17
Liturgische Nacht 67
Lob 42, 64
Mahl 60
Mann 94
Mariä Himmelfahrt 38
Mariä Lichtmess 25, 97
Ministrant 50
Mission 48
Mitarbeiter 50
Morgengebet 64, 88
Mutlosigkeit 80
Mutter Erde 38, 44
Nacht 67
Nachtwache 66
Natur 38, 42, 44, 68, 69, 70, 73

Neubeginn 15, 20, 21, 22, 52, 61, 62, 74, 82, 90, 92, 95, 101, 109, 124
Neugierde 62
Neujahr 20, 21, 22, 61, 74, 82, 92, 95
Nichtkirchliche Hochzeit 114
Not 29, 75, 78, 80, 82, 84, 86, 89, 98, 129, 134, 136, 140
Notfall 98
Ohnmacht 89, 129, 134, 136
Operation 130
Orden 53
Ordensjubiläum 53
Ostern 29, 30, 31, 32, 61
Paar 73, 112, 114, 116
Partnerschaft 123
Patronatsfest 47
Pfarrgemeinderat 50, 90
Pfingsten 36, 83
Platzsegnung 55
Priester, Primiz 53
Pubertät 61, 94, 109, 124
Rosenkranz 71
Reichtum 40
Reise 62
Requiem 31, 144, 146, 148, 150, 151, 152
Scheidung 74, 118, 120, 122
Scheitern einer Ehe 122
Schöpfung 38, 42, 44, 68, 69, 70, 73, 83
Schuld 80, 98, 140
Schuldbekenntnis 78
Schule 56, 96, 108
Schulgottesdienst 33, 35
Schutz 55, 104
Schwangerschaft 103
Senioren 74, 75, 97, 104, 110, 130
Silberhochzeit 116
Silvester 61, 83, 92
Sonne 64
Spätschicht 67
Standesamt 114
Stellenwechsel 90
Sterbesakramente 144, 146
Sterbestunde 144, 146, 148
Stern 13, 17, 24
Sternsinger 24
Stille 66, 67
Straßenfest 40, 47, 54
Streit 138, 141
Suche 26, 32, 86
Tagung 36
Taufe 73, 83, 96, 106, 108
Team 38, 99
Teilen 40
Tiere 68, 69, 70
Tischgebet 40, 60
Tod 45, 98, 129, 144, 146
Totengebet 151, 152
Totenwache 148, 151, 152
Totgeburt 143
Trauer 98, 129, 134
Trauerbesuch 152
Trauerfeier 45, 150, 152
Treffen 54, 55
Trennung 74, 118, 120, 122, 124, 136, 141
Umkehr 26, 28, 61, 78, 138, 140
Umzug 52, 62
Urlaub 62
Urnenbegräbnis 150
Veränderung 26, 82
Vereinsfest 47
Vergänglichkeit 28
Vergebung 140
Verheißung 84
Verlobung 112
Verlust 75, 129
Versammlung 54
Versehgang 144, 146
Versöhnung 38, 66, 75, 99, 101, 138, 141
Vertrauen 29, 78, 83, 89, 92

Verzweiflung 80, 89, 129, 134, 136
Vesper 66, 67
Völker 48
Wachstum 38
Warten 11
Weg 61, 82
Weggang 62, 82, 109, 118, 120, 122, 124, 125
Weihejubiläum 53
Weihetag 37
Weihnachten 12, 13, 14, 15, 16, 17, 18, 19, 24, 25
Weihwasser 71
Wein 60
Weltende 11
Weltmission 48
Wettersegen 42, 68
Wiedereintritt in die Kirche 126
Wiederkunft Christi 18, 25
Wohnheim 55
Wohnung 52, 54, 58
Wort Gottes 26
Wunschzettel 12
Zeltlager 54
Zivilehe 114, 123
Zuhause 52, 58
Zuversicht 29, 86, 89, 92, 95

Herbert Jung

Mensch geworden für die Menschen

Gottesdienste, Gebete, Gestaltungsideen für Advent und Weihnachten

ISBN 3-451-27644-5

Ein Werkbuch für alle, die in der Advents- und Weihnachtszeit Gottesdienste, Gruppenstunden, Gemeindefeiern, Andachten o. Ä. vorbereiten. Mit kompletten Gottesdienstmodellen und zahlreichen Impulsen und Bausteinen – z. B. Meditationen, Gebeten, Predigten, Gedanken für einen Bußgottesdienst, Fürbitten u. v. m. – für vielfältige Einsatzmöglichkeiten.

Pfarrer Jung holt in manchmal kantigen Worten das Versteckte, Übersehene, Überraschende des Advents- und Weihnachtsgeschehens ans Licht und erschließt die Bedeutung für das Hier und Jetzt – kurz: Er erzählt die alten Geschichten so, als hörte man sie zum ersten Mal.

Herder